UNIVERSITÉ DE DIJON — FACULTÉ DE DROIT

DES CONDAMNATIONS PÉNALES

ENVISAGÉES DANS LEURS

Conséquences non prévues par le Code pénal

THÈSE POUR LE DOCTORAT

SOUTENUE DEVANT LA

FACULTÉ DE DROIT DE L'UNIVERSITÉ DE DIJON

Le 2 Mars 1899, à 1 heure 1/2

PAR

E. CAMBON

Avocat à la Cour d'Appel de Lyon

LYON

IMPRIMERIE PAUL LEGENDRE & Cie

Ancienne Maison A. WALTENER

14, rue Bellecordière, 14

1899

DES

CONDAMNATIONS PÉNALES

ENVISAGÉES DANS LEURS

Conséquences non prévues par le Code pénal

UNIVERSITÉ DE DIJON — FACULTÉ DE DROIT

DES
CONDAMNATIONS PÉNALES

ENVISAGÉES DANS LEURS

Conséquences non prévues par le Code pénal

THÈSE POUR LE DOCTORAT

SOUTENUE DEVANT LA

FACULTÉ DE DROIT DE L'UNIVERSITÉ DE DIJON

Le 2 Mars 1899, à 1 heure 1/2

PAR

E. CAMBON

Avocat à la Cour d'Appel de Lyon

LYON

IMPRIMERIE PAUL LEGENDRE & Cie

Ancienne Maison A. WALTENER

14, rue Bellecordière, 14

1899

JURY D'EXAMEN

Président : M. Bonneville, professeur.

Suffragants : M. Renardet, professeur.
M. Roux, agrégé.

BIBLIOGRAPHIE

Aubry et Rau. — Code civil expliqué, t. I, IV et t. V.
Aucoc. — Discipline de la Légion d'honneur.
Barbier. — Code expliqué de la presse.
Bavelier. — Dictionnaire du droit électoral.
Blanche. — Etude sur le Code pénal.
Bernat Saint-Prix. — Législation de la chasse et de la louveterie.
Carnot. — Commentaire du Code pénal, t. I, art. 42.
Carpentier. — Traité théorique et pratique du divorce.
Camusat-Busserolles. — Code de la police de la chasse.
Dalloz. — Code pénal annoté.
Delvincourt. — Cours de Code civil, t. I.
Demolombe. — Code Napoléon, t. I et IV.
Duvergier. — Code de la chasse.
Fabreguettes. — Traité des infractions de la parole, de l'écriture et de la presse.
Fremont. — Traité pratique du divorce et de la séparation de corps.
Faustin-Hélie. — Traité de l'instruction criminelle, t. VIII.
Garraud. — Traité de droit pénal français.
Gillon et Villepin. — Nouveau code de la chasse.
Giraudeau. — La chasse.
Hérold. — Du droit électoral.
Humbert. — Conséquences des condamnations pénales.
Jullemier. — Procès de chasse.
Laurent. — Droit civil, t. III.
Leblond. — Code de la chasse et de la louveterie.
Leloir. — Code de la puissance paternelle, t. I.

Merlin. — Répertoire de jurisprudence, V° Armes.
Petit. — Traité complet du droit de chasse.
Revue de droit international. — Années 1869-1894.
Revue parlementaire. — Année 1895.
Viel. — La loi sur la chasse.
Vraye et Gode. — Le divorce et la séparation de corps.
Weiss. — Traité élémentaire de droit international privé.

INTRODUCTION

Un individu est condamné pour un crime ou un délit : il encourt une peine; si cette peine était la seule sanction, chacun serait exactement fixé sur son sort, et saurait que, ses deux années de prison terminées, par exemple, il redevient un citoyen, flétri sans doute par ce fait toujours déshonorant d'avoir passé par la prison, mais désormais pleinement capable, et jouissant de tous ses droits comme qui que ce soit.

Or si, de prime abord, à la lecture du Code pénal (et nous avons en vue ici surtout les condamnations correctionnelles, — les condamnations criminelles entraînant presque toutes comme peine accessoire la dégradation civique —), il paraît bien en être ainsi, on s'aperçoit bientôt de son erreur en étudiant les différentes lois qui nous régissent soit au point de vue des droits politiques, soit au point de vue des droits civiques, civils ou de famille.

Il n'est pas nécessaire d'être un juriste bien expérimenté pour découvrir que nombreuses sont les lois qui viennent accessoirement, d'une manière soit obligatoire soit facultative, prononcer des déchéances ou des incapacités contre ceux qui ont été condamnés à de certaines peines correctionnelles.

Prenons un exemple : un individu est condamné à deux mois de prison pour vol ; la conséquence de cette condamnation sera-t-elle seulement de le faire incarcérer pendant deux mois ? Nullement, le condamné sera, en outre, privé de ses droits d'électeur. Nous trouvons, en effet, dans le décret du 2 février 1852, sur les élections à la Chambre des Députés, un paragraphe 5 de l'article 15 disant que les condamnés, quelle que soit la durée de la peine d'emprisonnement pour vol, seront rayés de la liste électorale.

Voici donc une condamnation dont la conséquence n'est pas prévue par le Code. Nombreuses sont ainsi les déchéances et les incapacités indiquées par des lois spéciales.

C'est pourquoi il nous a paru intéressant de grouper déchéances et incapacités pour essayer d'en former un corps ayant une consistance suffisante, si non toutefois une vie propre.

La diversité des éléments à réunir, la diffusion de cette matière, éparse, si l'on peut s'exprimer ainsi, aux quatre coins de nos lois, nous font craindre que le travail soit incomplet et que certaines lois, moins importantes ou moins connues que d'autres, ne nous aient échappé.

Tel quel, nous pensons pourtant que ce travail ne sera pas complètement inutile, car qui donc peut dire qu'il connaît suffisamment notre législation pour envisager d'un seul coup d'œil toutes les conséquences d'une condamnation pénale ?

Loin de nous la pensée de supposer, ne fut-ce qu'un seul instant, que nos magistrats chargés d'appliquer les lois pénales ignorent les conséquences des condamnations qu'ils prononcent. Mais ne serait-ce pas plus sûr, et surtout plus commode, d'avoir en un seul bloc toutes les déchéances qui résultent d'une condamnation encourue pour un délit spécifié ?

Pour arriver à ce résultat on pouvait employer deux moyens :

Le premier consistait à énumérer les délits et les crimes, puis à indiquer pour chaque crime et chaque délit les incapacités et les déchéances pouvant ou devant en résulter. Système sans doute très pratique puisque rapidement on pouvait envisager toutes les conséquences d'une condamnation. Toutefois nous ne l'avons pas adopté craignant que cette énumération si longue et si monotone ne devînt fastidieuse au-delà de toute limite permise.

Le second système est basé sur l'étude des droits que nous pouvons avoir et sur la suppression de ces mêmes droits par suite des condamnations encourues.

C'est celui que nous avons suivi ; nous avons ainsi un plan plus méthodique. Sans doute il n'est pas à l'abri de toute critique et peut-être eût-on pu trouver mieux, mais sa simplicité nous a séduit, et, nous nous y sommes définitivement arrêté.

Toutes les déchéances et incapacités seront donc groupées sous les rubriques suivantes :

Conséquences des condamnations pénales quant aux droits politiques (**Chapitre I**).

Conséquences des condamnations pénales quant aux droits publics (**Chapitre II**).

Conséquences des condamnations pénales quant aux droits civils et de famille (**Chapitre III**).

Conséquences des condamnations pénales quant aux déchéances professionnelles (**Chapitre IV**).

Pour terminer, nous avons cru intéressant de signaler rapidement les moyens que la loi met à la disposition des juges pour empêcher certaines de ces conséquences, peut-être un peu rigoureuses (**Chapitre V**); puis d'indiquer comment les mêmes condamnations qui produisent, si elles ont été prononcées en France, des effets aussi graves, restent sans influence sur la capacité des condamnés si elles ont été subies à l'étranger (**Chapitre VI**). Enfin nous dirons quelques mots sur les moyens dont disposent légalement les condamnés pour leur permettre, leur peine terminée, de se relever et de voir disparaître les conséquences fâcheuses, suite des condamnations pénales (**Chapitre VII**).

CHAPITRE PREMIER

CONSÉQUENCES DES CONDAMNATIONS PÉNALES QUANT AUX DROITS POLITIQUES

Nos lois constitutionnelle décident que tout Français participe d'une façon plus ou moins étendue à l'exercice de la souveraineté et si, longtemps, cette idée n'a été soutenue que par quelques philosophes, elle est actuellement entrée dans les mœurs au point de sembler être la base nécessaire à tout pouvoir.

Serait-il juste, pourtant, d'admettre à cette participation au pouvoir des individus dont les tribunaux et la conscience publique ont flétri la conduite ? Qui donc oserait affirmer que le voleur ou l'assassin doit avoir autant de droit que l'honnête homme à élire un représentant ou à être lui-même ce représentant? Personne ne l'a pensé et le législateur moins que tout autre ; au jour où il a admis le suffrage universel comme moyen de représentation nationale, il a eu soin, en même temps d'indiquer quels individus seraient exclus des listes électorales et, parmi ces exclus, nombreux sont ceux qui le sont à la suite d'une condamnation pénale.

SECTION I

Élection à la Chambre des Députés.

§ I. — ÉLECTORAT

Le décret organique du 2 février 1852, pour l'élection des députés au corps législatif est en quelque sorte le criterium auquel il faut se reporter pour savoir ceux des citoyens français qui jouissent de leurs droits électoraux. Les articles 15 et 16 du décret indiquent les individus privés d'une façon perpétuelle ou temporaire du droit d'être inscrits sur les listes électorales.

ARTICLE 15. — *Ne doivent pas être inscrits sur les listes électorales :*

1° *Ceux qui ont été privés de leurs droits civils et politiques par suite de condamnations soit à des peines afflictives et infamantes, soit a des peines infamantes seulement.*

Toutes ces condamnations sont des condamnations criminelles ; peu importe qu'elles soient prononcées par les tribunaux de droit commun ou par les tribunaux d'exception.

L'article 7 C. pén. déclare peines afflictives et infamantes :

1° La mort.
2° Les travaux forcés à perpétuité.
3° La déportation.
4° Les travaux forcés à temps.

5° La détention.
6° La réclusion.

Et l'article 8 désigne comme peines infamantes :

1° Le bannissement.
2° La dégradation civique.

Tout individu condamné à l'une ou à l'autre de ces peines sera donc exclu des listes électorales. Il est juste de remarquer, pour tous ces cas, que la gravité de la peine est la conséquence de la déchéance bien plus que le fait même pour lequel l'inculpé a été condamné. Le législateur estime que quiconque a subi l'une de ces peines est indigne de participer à l'exercice de la souveraineté.

D'ailleurs, ce paragraphe premier tout entier semble être d'une utilité fort contestable.

De par la loi déjà, tout individu condamné à une peine afflictive et infamante, ou simplement infamante, encourt par le fait même la dégradation civique (Art. 28 C. pén.) et celle-ci entraîne la perte des droits électoraux (Art. 34 C. pén). Il était donc de toute évidence que les condamnés à des peines afflictives et infamantes, ou simplement infamantes devaient, par le fait même, né pas être inscrits sur les listes électorales.

Et, puisque nous venons de dire un mot de la dégradation civique, faisons de suite une remarque générale : nous laissons absolument en dehors de cette étude la dégradation civique, l'article 42 C. pén., l'interdiction légale et les diverses incapacités qui peuvent en résulter; ce sont, sans doute, des conséquences des condamnations pénales, mais ce sont des conséquences prévues par le Code, et notre but est précisément de n'étudier que celles prévues et déterminées par les lois spéciales.

2° *Ceux auxquels les tribunaux jugeant correctionnellement ont interdit le droit de vote et d'éligibilité par application des lois qui autorisent cette interdiction.*

Ici la suppression du droit d'être électeur n'a pas toujours lieu de plein droit comme dans les hypothèses précédentes. La loi (Art. 42 C. pén.) a permis au juge, dans certains cas et pour certains délits, de supprimer le droit de vote, c'est alors pour lui une pure faculté. Dans certains autres cas ce n'est plus une faculté, c'est une peine accessoire qui devra être nécessairement encourue.

Telles sont les dispositions de la loi du 23 janvier 1873 tendant à réprimer l'ivresse publique, dont l'article 3 est ainsi conçu : « Toute personne qui aura été con-« damnée deux fois en police correctionnelle pour délit « d'ivresse manifeste, conformément à l'article 2, sera « déclarée, par le second jugement, incapable d'exercer « les droits suivants: 1°) de vote et d'élection ; 2°) d'éli-« gibilité. »

Ce n'est plus ici une faculté pour le juge de prononcer ou non cette déchéance, mais bien une obligation. Tel est, d'ailleurs, le but de la loi, et si nous nous reportons à sa discussion, nous trouvons dans le rapport de M. Desjardins les considérations suivantes : « Nous « n'avons pas voulu laisser à la faculté des juges, l'ap-« plication des peines privatives de droit. Nous avons « craint qu'une arrière-pensée ne pût leur être imputée « le jour où ils suspendraient l'exercice du droit électo-

« ral, si la suspension prononcée contre l'un était épargnée à l'autre ; l'ordre de la loi dégagera leur responsabilité. » Et, plus loin : « Nous aurions pu faire de la « privation des droits la conséquence nécessaire et sous-entendue des jugements, il a paru préférable qu'elle « fût expressément prononcée pour être portée à la « connaissance de tous et pour faire une salutaire impression sur quelques-uns. »

Toute autre est l'hypothèse prévue par l'article 6 de la même loi. « Toute personne qui aura subi deux condamnations en police correctionnelle pour l'un ou « l'autre des délits prévus à l'article précédent (avoir « donné à boire à des individus manifestement ivres, « — les avoir reçus dans son établissement, — avoir « servi des liqueurs alcooliques à des enfants de moins « de 16 ans), pourra être déclaré par le second jugement incapable d'exercer tout ou partie des droits « indiqués en l'article 3. »

Dans ce cas, il est évident que la déchéance est facultative, et qu'elle peut, ou non, être prononcée par le juge. Le Rapporteur de la loi a dit à ce sujet : « Le paragraphe 1 de cet article répond et renvoie expressément « à l'article 3, mais il en diffère sur un point essentiel : « la privation du droit qui, d'après l'article 3, est la conséquence nécessaire du second délit reconnu par la « justice correctionnelle, dépend, d'après l'article 6, de « l'appréciation des tribunaux. »

A côté de cette loi du 23 janvier 1873, dont nous venons de nous occuper, il en est d'autres dont l'importance est moindre et qui méritent cependant d'être signalées.

La loi du 14 mars 1872 établit des peines contre les affiliés de l'Association internationale des Travailleurs. L'article 2 décide que tout Français faisant, après la promulgation de la loi, partie de l'association internationale, pourra, outre la prison et l'amende, être privé de tous les droits civils et politiques prévus à l'article 42 C. pén. pendant 5 ans au moins, 10 ans au plus.

La loi du 2 juin 1891 — ayant pour objet de réglementer l'autorisation et le fonctionnement des courses de chevaux — dont l'article est ainsi conçu : « Quiconque aura, en quelque lieu et sous quelque forme que ce soit, exploité le pari sur les courses de chevaux... en offrant à tout venant de parier, ou en pariant avec tout venant, soit directement soit par intermédiaire, sera passible des peines portées à l'article 410 du Code pénal. Or l'article 410 permet aux juges correctionnels de prononcer les incapacités et déchéances de l'article 42 C. pén.

Il résulte donc de ces deux lois que ceux qui auront enfreint leurs dispositions pourront être privés de leurs droits électoraux pour une durée de cinq ans au moins et 10 ans au plus (1).

3° *Les condamnations pour crimes à l'emprisonnement par application de l'art. 463 C. pén.*

---

(1) En dehors de ces lois il est au Code pénal, de nombreux cas dans lesquels les juges correctionnels peuvent faire application de l'art. 42 et, partant, priver les condamnés pour un temps plus ou moins long de leur qualité d'électeur. Sans nous étendre sur ce sujet, qui ne rentre plus dans le plan que nous nous sommes tracés, nous citerons les articles 109, 112, 123, 142, 143, 155, 156, 158, 160, 177, 241, 251, 305, 309, 361, 387, 388, 389, 399, 401, 410.

C'est le cas où, par suite d'une déclaration de circonstances atténuantes, un individu condamné pour crime est puni d'un simple emprisonnement correctionnel. Dans toutes ces hypothèses le condamné sera privé de ses droits de vote et d'élection comme s'il eût été condamné à une peine afflictive et infamante.

Toutefois, il faut remarquer que le citoyen condamné pour crime à l'emprisonnement, par l'effet de l'admission d'une excuse légale, ne doit pas être assimilé à celui qui a bénéficié des circonstances atténuantes et, par conséquent, il ne perd pas, par le fait même de la condamnation, ses droits électoraux. Il faudrait, pour cela, qu'il eût commis une des infractions spécifiées au décret de 1852 (1).

De même l'individu condamné à la peine de l'emprisonnement pour fait qui, qualifié crime par l'accusation, est devenu un délit par suite de la déclaration du jury, conserve ses droits électoraux si, d'ailleurs, ce délit ne rentre pas dans la catégorie de ceux qui, aux termes de

---

(1) Ch. d. R., 30 mars 1863. D. P. 63, 1. 135. — Attendu qu'aux termes de l'art. 15, n° 3, du décret de 1852 ne doivent pas être inscrits sur les listes électorales les condamnés pour crime à l'emprisonnement par application de l'article 463 C. pén. ; que cet article comprend deux éléments essentiels à son application ; qu'il faut d'abord une condamnation pour crime et, de plus, que ce soit par application de l'article 463 en vertu des circonstances atténuantes que la peine du crime ait été abaissée jusqu'à l'emprisonnement; attendu que lorsque le fait a été puni de l'emprisonnement par application de l'art. 326 C. pén. ce n'est plus le juge qui, tout en laissant au crime son caractère légal différent, prononce une simple peine d'emprisonnement susceptible, elle-même, d'être tempérée par l'art. 463 C. pén.

Casse.....

l'art. 15 du décret de 1852, entraînent la privation de ces droits (1).

4° *Les condamnés à trois mois de prison par application des articles* 318 *et* 423. *C. pén.*

L'article 318 C. pén. a été abrogé par l'article 2 de la loi du 5 mai 1855; celle-ci a décidé que les principes admis par la loi du 27 mars 1851 sur la répression des fautes commises dans la vente des marchandises seraient applicables à la vente des boissons falsifiées. Il y a donc lieu d'appliquer les mêmes pénalités qui sont celles de l'art. 423 C. pén. Dans l'un comme dans l'autre cas, qu'il s'agisse de boissons ou de marchandises, les individus condamnés à plus de trois mois de prison seront privés de leurs droits électoraux (2).

D'ailleurs la loi du 24 janvier 1889 a modifié le 4° de l'article 15 et a décidé que : « seraient privés de leurs « droits électoraux ceux qui ont été condamnés à trois « mois de prison par application de l'article 423 C. pén. « et de l'article 1er de la loi du 27 mars 1851. » Désormais il n'y a plus de discussion possible : les dispositions pénales du 4° de l'article 15 s'appliquent à la vente des boissons falsifiées comme à la vente des marchandises.

5° *Les condamnés pour vol, escroquerie, abus de confiance, soustractions commises par les dépositaires*

---

(1) Cass. — 16 mai 1849. — S. 49, 1, 77. — Dans l'espèce il s'agissait de la rébellion envers un garde forestier, l'accusation soutenant que la rébellion avait eu lieu avec armes apparentes ; le jury, sur cette question, rapporta une déclaration négative et le crime dégénéra ainsi en délit.

(2) Cass. — 16 novembre 1874.

de deniers publics, ou attentats aux mœurs prévus par les articles 330 et 334 C. pén., quelle que soit la durée de l'emprisonnement auquel ils aient été condamnés.

Le délit prévu par l'article 330 C. pén. est l'outrage public à la pudeur ; celui prévu par l'article 334 est le fait d'exciter, favoriser, faciliter la débauche et la corruption de la jeunesse de l'un et de l'autre sexe au-dessous de vingt et un ans. Quant aux autres délits prévus par le 5° de l'article 15, leur dénomination les désigne suffisamment pour qu'il soit inutile d'y insister. Mais il faut, pour être complet, énumérer les délits qui, pour ne pas porter le même nom, sont néanmoins assimilables à ceux du 5°.

La jurisprudence admet les cas suivants :

Dans l'expression vol, on doit comprendre le délit de filouterie prévu et puni par l'article 401 C. pén. (1). Toutefois les tribunaux n'admettent pas que la filouterie d'aliments doive entraîner l'incapacité électorale. Il a été également décidé qu'une condamnation pénale pour coupe et enlèvement d'arbres dans une forêt de l'Etat ne devait pas être assimilée à une condamnation pour vol (2). Décision au moins étrange, le vol ne changeant pas de nature par la qualité de la personne volée.

D'ailleurs il importe peu que la condamnation pour vol émane d'un tribunal de droit commun ou d'un tribunal d'exception ; les termes de l'article 15 — 5° sont assez généraux pour embrasser toutes les juridictions.

---

(1) Civ. Rej. 21 avril 1887. — D. P. 87, 1, 348.

(2) Conseil d'Etat, 29 nov. 1878. — D. P. 79, 3, 81.

Pour le délit de maraudage, la jurisprudence ne semble pas être fixée d'une manière immuable; le dernier arrêt de cassation admet, toutefois, que le maraudage est assimilable au vol et entraîne, par suite, l'incapacité électorale (1).

A l'abus de confiance la jurisprudence assimile l'abus du blanc-seing (2). D'un autre côté il a été jugé que les individus condamnés pour détournement d'objets saisis ne pouvaient être assimilés aux voleurs (3).

La Cour de cassation a encore décidé que la condamnation à la peine d'emprisonnement pour tentative d'escroquerie entraînerait l'incapacité électorale, comme la condamnation pour escroquerie (4).

La question a été posée de savoir si la condamnation prononcée contre un mineur à un séjour dans une maison de correction devait être assimilée à un emprisonnement et, par conséquent, entraîner l'incapacité électorale. La jurisprudence s'est prononcée en faveur de l'affirmative (5). Il s'agissait, dans l'espèce, d'un mineur condamné, comme coupable d'avoir commis, avec discernement, un crime d'attentat aux mœurs, à être enfermé dans une maison de correction.

Il est certain, d'ailleurs, qu'une simple condamnation à l'amende pour les délits prévus au 5° de l'article 15 ne

---

(1) Cass. 22 avril 1888. — Contra 3 avril 1866.

(2) Cass. 28 mars 1889. — S. 1889, 1, 383.

(3) Cass. 29 janvier 1879. — D.P. 79, 1, 168. — Civ. Rej. 27 avril 1896. — D. P. 2, 1, 48.

(4) Cass. 25 juin 1881. — S. 1881, 1, 94.

(5) Civ. Rej. 10 mai 1881. — D. P. 81, 1, 481, et voir Blanche : *Etude sur le Code pénal*, t. II, n° 322 et sq.

serait pas suffisante pour entraîner la radiation des listes électorales (1). La question a été jugée en ce sens pour l'attentat aux mœurs (2), l'outrage public à la pudeur (3), le vol (4), l'abus de confiance (5).

6° *Les individus qui, par application de la loi du 17 mai 1819 et l'art. 3 du décret du 11 août 1848, auront été condamnés pour outrages à la morale publique et religieuse, ou aux bonnes mœurs et pour attaque contre le principe de la propriété et des droits de famille.*

La loi du 29 juillet 1881 a abrogé les dispositions de la loi du 17 mai 1819 et le décret du 11 août 1848 punissant les délits d'outrage à la morale publique et religieuse, et d'attaque contre les principes de la propriété et des droits de famille.

Quant à l'outrage aux bonnes mœurs, il est puni par la loi du 29 juillet 1881 — sur la presse — art. 28, et par la loi du 2 août 1882, art. 1er — loi ayant pour objet la répression des outrages aux bonnes mœurs. — Dans ces conditions les incapacités électorales subsistent pour ce délit. En effet, si la loi de 1881 a supprimé la loi de 1819, elle en a néanmoins retenu un des chefs en décidant, dans son article 28, que l'outrage aux bonnes mœurs serait puni des peines d'emprisonnement et d'amende. — La jurisprudence est en ce sens (6).

---

(1) Hérold : *Droit électoral*, n° 51.
(2) D.P, 63, 1, 135.
(3) D.P, 76, 1, 231.
(4) D.P, 68, 1,291 et 77, 1, 205.
(5) D.P, 77,1, 205.
(6) Civ. Cass. 18 avril 1888. — D. P, 89, 1, 285.

Certains auteurs sont contraires à ce système et soutiennent que la loi de 1819 ayant été abrogée, les conséquences de cette loi disparaissent par le fait même (1).

Il est à remarquer que les incapacités électorales, prévues par les 5° et 6° de l'article 15, existent quelle que soit la durée de la peine prononcée, alors qu'au contraire la loi exige, dans la plupart des autres cas, une peine dont la durée n'est généralement pas inférieure à trois mois de prison.

7° *Les individus condamnés à plus de 3 mois d'emprisonnement en vertu des articles* 31, 33, 34, 35, 36, 39, 40, 41, 42, 45, 46, *de la présente loi.*

Art. 31. — Punit celui qui s'est fait inscrire sous de faux noms ou qui a caché une incapacité, ou qui a obtenu ou réclamé son inscription sur plusieurs listes.

Art. 33. — Frappe celui qui a voté en vertu d'une fausse inscription ou en prenant les noms et qualités d'un électeur inscrit.

Art. 34. — Se réfère à celui qui a voté plusieurs fois profitant d'une inscription multiple.

Art. 35. — Atteint celui qui au dépouillement du scrutin aura soustrait, altéré ou ajouté des bulletins ou lu un autre nom que celui inscrit.

Art. 36. — A trait à celui qui a vendu son vote.

Art. 39. — Vise celui qui a influencé ou empêché de voter un citoyen par violences ou menaces contre lui ou sa famille.

(1) Barbier : *Code expliqué de la Presse*, t. 1, n° 396.

Art. 40. — Se rapporte à celui qui, à l'aide de fausses nouvelles, bruits calomnieux ou autres manœuvres frauduleuses, a empêché un individu de voter.

Art. 41. — Condamne celui qui a empêché par clameurs, attroupements, démonstrations, l'exercice du droit électoral.

Art. 42. — Prévoit le cas d'irruption dans un collège électoral consommé ou tenté avec violence pour empêcher un choix.

Art. 45. — Fait encourir une pénalité aux membres d'un collège électoral qui, pendant la réunion, se seront rendus coupables d'outrages ou de violences soit envers le bureau soit envers un de ses membres ou qui, par voie de faits ou menaces, auront retardé ou empêché les opérations électorales.

Art 46. — Punit l'enlèvement de l'urne contenant les suffrages émis et non encore dépouillés.

La loi du 7 juillet 1874 — sur l'électorat municipal — a ajouté un délit à ceux indiqués par le décret de 1852 (1) : elle décide que le fait de faire inscrire un individu non électeur ou de faire rayer un électeur inscrit entraîne, outre certaines pénalités, la radiation des listes électorales. « Il pourra, en outre », dit ce même article, « être privé pendant deux ans de ses droits civiques ». Si cette seconde peine est appliquée, la première étant une amende ou un emprisonnement inférieur à 3 mois, le condamné sera toujours, pendant 2 ans au moins,

(1) Le § 2 de l'art. 22 de la loi du 30 novembre 1874 a décidé « que « les dispositions de l'art. 6 de la loi du 7 juillet 1874 seront appli- « quées aux listes électorales politiques. »

privé de ses droits électoraux; au contraire, si la première condamnation est supérieure à 3 mois de prison, nous retombons sous l'application du 7° de l'art. 15, et la déchéance est désormais perpétuelle.

8° *Les notaires, greffiers et officiers ministériels destitués en vertu de jugements ou de décisions judiciaires.*

Cette disposition est dès longtemps critiquée et, semble-t-il, à bon droit ; les notaires, greffiers et officiers ministériels peuvent être destitués pour faits de charge ce qui peut impliquer de graves négligences mais non pas toujours une faute délictuelle. Si la destitution est la conséquence d'une condamnation criminelle ou correctionnelle, rien de mieux alors que d'enlever au destitué ses droits de vote et d'élection. C'est, d'ailleurs, à ce seul point de vue que nous nous plaçons, pour faire figurer le 8° de l'article 15 dans notre énumération, la radiation des listes électorales étant dans ce cas la conséquence d'une condamnation pénale. Que les notaires, greffiers, officiers ministériels, destitués à la suite d'une condamnation pénale, fut-ce même à l'amende, soient privés de leurs droits électoraux, rien de mieux; la loi a le droit de se montrer plus sévère envers eux qu'envers les autres citoyens, mais les rayer des listes électorales, quand leur destitution est la suite d'un fait de charge, paraît excessif.

Telle était la situation avant la modification apportée à cet état de choses par la loi du 10 mars 1898 sur la destitution des officiers ministériels.

L'article 3 de cette loi décide : L'art. 15, § 8 du décret du 2 février 1852 est ainsi modifié :

Ne doivent pas être inscrits sur les listes électorales : § 8: *Les notaires et officiers ministériels destitués lorsqu'une disposition formelle du jugement ou arrêt de destitution les aura déclarés déchus du droit de vote, d'élection, d'éligibilité; les greffiers destitués lorsque cette déchéance aura été expressément provoquée en même temps que la destitution par un jugement et une décision judiciaire.*

Dans l'ancienne jurisprudence on distinguait les officiers ministériels qui avaient été destitués directement sans jugement ni mesure disciplinaire, — ceux-là n'étaient pas exclus des listes électorales, — et ceux qui avaient été destitués à la suite de jugement ou décision disciplinaire — ceux-là perdaient leurs droits électoraux. — Un semblable résultat ne peut plus se produire aujourd'hui. Les tribunaux sont désormais juges du point de savoir s'il y a lieu ou non de priver de ses droits électoraux l'officier contre lequel ils prononcent la destitution et, d'ailleurs, ce sont désormais eux, et non le ministre, qui prononcent cette destitution.

9° *Les condamnés pour vagabondage et mendicité.*

Ce sont les condamnations prévues par les art. 271, 274 à 283 du Code pénal. Le décret de 1852 prive le condamné pour vagabondage ou mendicité de ses droits électoraux quelle que soit la peine prononcée et sa durée.

Un mineur a été condamné pour vagabondage, le tribunal l'a placé pour cinq ans sous la surveillance de la haute police (interdiction de séjour), pourra-t-il, à sa majorité, obtenir son inscription sur les listes électorales ? Non, pensons-nous; le 9° de l'article 15 est formel ; il parle de condamnation, sans indiquer la peine, et l'interdiction de séjour est une peine ; donc tant qu'il n'aura pas obtenu sa réhabilitation, le mineur ne pourra jouir de ses droits électoraux.

10° *Ceux qui ont été condamnés à 3 mois de prison au moins par application des articles* 439, 443, 444, 445, 446, 447, 452, *C. pén.*

Il s'agit ici d'une série de délits rangés, au Code pénal, sous la section de « destructions, dégradations, dommages » (1). Si la peine portée pour contravention à ces articles est supérieure à 3 mois de prison, les condamnés sont rayés à perpétuité de leurs droits électoraux.

11° *Ceux qui auront été déclarés coupables de délits prévus par les articles* 410 *et* 411 *C. pén.* (2) *et par la loi du* 21 *mai* 1836 *portant prohibition des loteries.*

La loi du 21 mai 1836 à trait à la prohibition des lote-

(1) L'article 439 prévoit le cas de destruction de registres, minutes, actes originaux de l'autorité publique, des titres, billets, lettres de change, effets de commerce ou de banque.

L'article 443 punit celui qui a volontairement détérioré des marchandises, matières et instruments servant à la fabrication.

L'article 444 atteint celui qui a dévasté des récoltes sur pied ou des plants venus naturellement ou faits de main d'homme.

Les articles 445 et 446 frappent celui qui a abattu ou mutilé un arbre appartenant à autrui.

L'article 447 punit celui qui a mutilé des greffes.

L'article 452 condamne celui qui a empoisonné des chevaux ou autres bêtes de voiture, de monture ou de charge, des bestiaux à corne, des moutons, chèvres ou porcs, ou poissons dans les étangs viviers et réservoirs.

(2) Les articles 410 et 411 C. pén. se réfèrent aux individus condamnés pour avoir tenu une maison de jeu de hasard, ou pour avoir établi une maison de prêt sur gage ou nantissement sans autorisation légale, ou qui, bien qu'autorisés, n'auront pas tenu un registre conformément aux règlements.

ies ; l'article 3 décide : « La contravention à ces pro-
hibitions sera punie des peines prévues à l'art. 410
C. pén ». La perte des droits électoraux sera encourue
de plein droit, en vertu du décret de 1852 et non pas
par application de l'article 410 qui permet aux juges de
condamner aux déchéances de l'article 42. Toutefois
l'art. 22 de la loi du 30 novembre 1875 sur l'élection
des députés abroge le 11° de l'art. 15 du décret de 1852
en tant qu'il se réfère aux loteries, sauf aux tribunaux à
faire, s'ils le jugent à propos, application de l'article 42
et à ordonner que le condamné soit rayé des listes
électorales. Cette modification entraîne les résultats
suivants : le juge correctionnel pourra priver de ses
droits électoraux le condamné pour infraction à la loi
sur les loteries et cela pour le temps qu'il jugera conve-
nable : autrefois cette incapacité était perpétuelle.

12° *Les militaires condamnés au boulet* (1) *et aux travaux publics.*

Ici, comme pour les condamnations à des peines afflictives ou infamantes seulement, ce n'est plus l'infraction aux lois pénales que le législateur a considérée, mais la peine encourue. Il a estimé que si les tribunaux militaires avaient prononcé contre un soldat une peine semblable, l'indignité du condamné était suffisamment démontrée pour qu'il ne puisse pas être inscrit sur les listes électorales. Décision à coup sûr trop rigoureuse étant donné surtout l'organisation actuelle de nos codes de justice militaire. Il n'y a, certes, rien de déshonorant pour un soldat, emporté par un mouve-

(1) La peine du boulet est supprimée.

ment de colère, dans le fait d'avoir frappé son caporal, et si l'autorité militaire doit sévir pour le maintien de la discipline « qui est la force des armées », l'opinion publique ne flétrira pas le condamné envoyé aux travaux publics pour cet acte d'indiscipline. Pourquoi alors priver cet individu de ses droits électoraux ? Pourquoi, à la suite d'une peine, déjà peut-être trop sévère, lui en infliger une autre perpétuelle ? Cette décision semble d'autant plus dure depuis que, d'après la loi de 1889, tout Français doit le service militaire. Ne pourrait-on pas faire quelques distinctions suivant les crimes ou les délits ayant entraîné pour le coupable la peine des travaux publics ?

13° *Les individus condamnés à l'emprisonnement par application des articles* 38, 41, 43, 45 *de la loi du* 21 *mars* 1833 *sur le recrutement de l'armée.*

Ces dispositions, déjà remplacées par celles de la loi du 27 juillet 1872, sont aujourd'hui les articles 69, 70, 71 de la loi du 15 juillet 1889.

L'art. 69 punit les individus qui, par fraudes ou manœuvres, ont été omis des tableaux de recensement. L'art. 70 frappe celui qui s'est rendu impropre au service, soit temporairement, soit définitivement. Enfin l'article 71 atteint les médecins qui, par dons et promesses, seraient favorables aux jeunes gens qu'ils doivent examiner.

Une question se pose ici : la loi du 15 juillet 1889 a augmenté le nombre des cas où une pénalité peut être encourue par suite de manœuvres frauduleuses et de délits contre le recrutement de l'armée. Dans ces conditions, faut-il appliquer le 13° de l'art. 15 du décret de 1852 au-delà de ses termes et décider que toute disposition pénale, prévue par la loi de 1889, entraînera les incapacités électorales ; ou bien, au contraire, restreindre le 13° aux seuls délits prévus par la loi de 1833 ? La jurisprudence, sous l'empire de la loi de 1872, s'est prononcée, à bon droit, dans ce dernier sens (1). Il eût été, en effet, injuste et illégal d'appliquer une incapacité sans texte ; si les nouveaux délits méritent la même pénalité que ceux prévus par les articles 69, 70, 71, c'est au législateur à en décider et non pas aux interprètes de la loi.

14° *Les individus condamnés à l'emprisonnement par application de l'article* 1 *de la loi du* 27 *mars* 1851.

Cette condamnation à l'emprisonnement a lieu pour falsifications de substances ou denrées alimentaires ou médicamenteuses destinées à être vendues, ou pour la mise en vente de ces mêmes denrées. La loi de 1855 (5 mai) ayant décidé que les pénalités de la loi de 1851 seraient applicables à la vente des boissons falsifiées, les condamnations pour l'un ou l'autre délit tombent donc sous le coup du 14° et entraînent la suppression des droits électoraux, quelle que soit la durée de la peine encourue. De plus, la loi du 24 janvier 1889, modifiant le décret de 1852, a augmenté le nombre des incapacités électorales, en décidant que les condamnations à l'emprisonnement, prononcées en vertu de l'art. 2 de la loi du 27 mars 1851 — cas où la falsification des denrées alimentaires a été faite avec des produits nuisibles à la

(1) Cass., 17 mai 1881. — D. P. 81. 1.481.

santé — entraîneraient l'impossibilité d'être inscrit sur les listes électorales. Décision d'autant plus logique que les pénalités prononcées par l'art. 2 de la loi de 1851 sont plus sévères que celles de l'art. 1. D'un autre côté, cette même loi de 1889 a atténué la rigidité du décret de 1852 en décidant que les individus condamnés, en vertu de l'article 1 de la loi de 1851 et seulement à plus d'un mois d'emprisonnement ne seraient, désormais, privés de leurs droits électoraux que pendant une durée de cinq ans à l'expiration de leur peine (Nouvel article 16 du décret de 1852).

15° *Les individus condamnés pour délit d'usure.*

Ce délit a été prévu par la loi du 3 septembre 1807, modifiée par celle du 19 décembre 1850. Tout ce que l'on peut dire sur l'incapacité résultant de cette loi, c'est que le décret de 1852 n'indiquant pas quelle peine entraînerait la radiation des listes électorales, une condamnation quelconque, fût-ce même à l'amende, serait suffisante.

16°... 17°... Les § 16 et 17 du décret de 1852 défendent l'inscription de certains individus sur les listes électorales, mais ce n'est nullement comme conséquence d'une condamnation pénale ; aussi passerons-nous sous silence ces deux paragraphes.

A la suite de ces nombreuses incapacités, presque toutes perpétuelles, le décret de 1852 a, dans son article 16, indiqué une série de condamnations entraînant l'incapacité des droits électoraux, pour une durée fixée à cinq ans à compter de l'expiration de la peine. La déchéance, dans ces cas, est toujours obligatoire et la condamnation doit être au moins à un mois de prison.

Article 16. — *Les condamnés à plus d'un mois d'emprisonnement pour rébellion, outrages et violences envers les dépositaires de l'autorité ou de la force publique, ou envers un juré à raison de ses fonctions, ou envers un témoin à raison de sa déposition ; pour délits prévus par la loi sur les attroupements et la loi sur les clubs et l'article* 1 *de la loi du* 27 *mars* 1851 *(Loi* 24 *janvier* 1889) *et pour les infractions à la loi du colportage ne pourront pas être inscrits sur les listes électorales pendant* 5 *ans à dater de l'expiration de leur peine*(1).

Quelques difficultés ont pu être soulevées quant à l'application de cet article dont on voulait étendre les termes ; la jurisprudence a toujours décidé qu'il fallait interpréter cet article 16 d'une façon restrictive, et ne pas augmenter le nombre des cas d'incapacité électorale.

Avant d'abandonner l'étude du décret de 1852, il nous faut dire un mot d'un projet de loi déposé dernièrement, par le garde des sceaux, sur le bureau de la Chambre des Députés, et tendant à modifier l'article 15

(1) L'outrage, la rébellion contre les dépositaires de la force publique sont punis par les articles 211, 212, 214, 215, 219 C. pén. modifiés par la loi du 13 mai 1863.

L'outrage à un juré ou à un témoin est réprimé par la loi du 25 mars 1822 à laquelle la jurisprudence ajoute la loi du 13 mai 1863.

Les délits d'attroupements sont prévus par la loi du 7 juin 1848.

La loi sur les clubs est du 28 juillet 1848. Abrogée par décret du 25 mars 1852 qui ne laisse subsister que l'art. 13 (délit de société secrète).

Enfin, pour le colportage, il s'agit de la loi du 27 juillet 1849 modifiée par la loi du 29 juillet 1881.

du décret organique de 1852 en vue de priver de leurs droits électoraux les condamnés pour délit d'extorsion et de chantage. Ce délit, en effet, n'a été défini et puni que par une loi postérieure à 1852 et, d'autre part, la Cour de cassation a, par des arrêts successifs, jugé qu'il ne pourrait être assimilé au délit de vol qui entraîne l'incapacité électorale.

Les articles 15 et 16 indiquent les condamnations à la suite desquelles un citoyen ne peut plus être inscrit sur les listes électorales. Mais qu'arrivera-t-il si cet individu, déjà inscrit, vient à être condamné? Sa condamnation aura pour effet d'obliger les autorités compétentes à le rayer des listes électorales et, désormais, il ne pourra plus prendre part aux élections à venir.

§ II. — ÉLIGIBILITÉ

Après avoir étudié les différentes condamnations pénales dont la conséquence est d'entraîner ou la non inscription sur les listes électorales ou la radiation de ces mêmes listes, c'est-à-dire de priver un citoyen du droit de voter pour les élections législatives, il nous reste à voir les conditions exigées par la loi pour l'éligibilité au mandat de député.

La loi organique du 30 novembre 1875 sur l'élection des députés a tranché toute discussion par ces mots: « Tout électeur est éligible » (Article 6) ou, inversement, qui n'est pas électeur n'est pas éligible. Donc, en nous plaçant au point de vue spécial qui nous occupe, nous dirons : tout individu ayant subi une des condamnations énumérées aux articles 15 et 16 du décret du 2 février 1852 ne pourra être désormais éligible, et il n'y a pas d'autres causes d'inégibilité résultant d'une condamnation que celles qui empêchent les citoyens d'être inscrits sur les listes électorales.

Une question reste à examiner : un député est, pendant la durée de son mandat, poursuivi par les tribunaux — autorisés comme de droit par la Chambre — pour avoir commis un des délits prévus par les articles 15 ou 16 du décret de 1852, il est condamné. Dans ce cas, d'après l'art. 28 du même décret, il sera déchu de sa qualité : *Sera déchu de la qualité de membre du Corps législatif tout député qui, pendant la durée de son mandat, aura été frappé d'une condamnation emportant, aux termes de l'article précédent, la privation du droit d'être élu.*

La déchéance sera prononcée par le Corps législatif sur le vu des pièces justificatives.

Donc, sans nous occuper des formalités à remplir pour que la justice puisse saisir et juger un membre du Corps législatif, nous voyons que le député condamné perd son mandat, mais encore cette déchéance n'a pas lieu de plein droit, elle doit être prononcée par la Chambre elle-même.

SECTION II

Election au Sénat.

§ I. — **ÉLECTORAT**

Les sénateurs étant élus par un collège électoral spécial et restreint, avant de dire les conditions requises par la loi pour être admis à se présenter aux élections sénatoriales, il faut indiquer en quelques mots quels sont les citoyens désignés par le législateur pour élire les sénateurs.

Ce sont : 1° Les députés.
2° Les conseillers généraux.
3° Les conseillers d'arrondissement.
4° Les délégués communaux.

Tous ces individus étant, les uns élus, les autres électeurs — les délégués communaux doivent être pris parmi les électeurs de la commune. Art. 6, § 4, loi du 8 décembre 1884 — jouissent évidemment de leurs droits civils et politiques et n'ont pu être frappés d'une incapacité électorale par suite d'une condamnation prévue au décret de 1852. S'ils avaient, en effet, été condamnés pour un des délits indiqués aux articles 15 et 16, ils perdraient, par le fait même, ainsi qu'il a été dit, soit leur mandat, soit leurs droits électoraux.

§ II. — ELIGIBILITÉ

A quelles conditions peut-on être élu sénateur ? L'article 4 de la loi du 9 décembre 1884, reproduisant l'article 3 de la loi du 24 février 1875, répond à cette question et décide que « *nul ne peut être élu sénateur s'il* « *n'est Français, âgé de 40 ans au moins, s'il ne jouit* « *de ses droits civils et politiques.* » Ce sont, sauf la question d'âge, les mêmes conditions que pour être député ; de plus l'art. 28 de la loi du 2 août 1875 — loi organique sur l'élection des sénateurs — dit : « *Sont* « *applicables à l'élection au Sénat toutes les disposi-* « *tions de la loi électorale relatives* : 1° *Aux cas d'indi-*

« *gnité et d'incapacité*; 2°... » Pour connaître les cas d'indignité et d'incapacité, il n'y a qu'à se reporter au décret du 2 février 1852, art. 15 et 16. Toutes les condamnations pour délits prévus par ces deux articles et qui entraînent la radiation des listes électorales ont en même temps pour conséquence d'empêcher ceux qui les ont subies d'être élus sénateurs, comme elles les empêchaient d'être élus députés.

SECTION III

Elections aux Conseils généraux et aux Conseils d'arrondissement

§ I. — ELECTORAT

Les conditions de l'électorat pour les élections des conseillers généraux et des conseillers d'arrondissement étant les mêmes que pour l'élection des députés, nous laisserons de côté cette question en renvoyant à ce qui a été dit plus haut à ce sujet.

§ II. — ELIGIBILITÉ

1° Conseillers généraux.

« *Sont éligibles au Conseil général tous les citoyens* « *inscrits sur une liste d'électeurs ou justifiant qu'ils* « *devraient y être inscrits avant le jour de l'élection.* » — Art. 6 de la loi du 10 août 1871.

2° Conseillers d'arrondissement.

« *Sont éligibles aux Conseils d'arrondissement les*

électeurs âgés de 25 *ans au moins et domiciliés dans l'arrondissement et les citoyens ayant atteint le même âge qui, sans y être domiciliés, y paient une contribution directe.* » — Art. 14 du décret du 3 juillet 1848.

Les causes d'indignité, en ce qui concerne l'éligibilité aux Conseils généraux et aux Conseils d'arrondissement sont les mêmes que celles relatives à l'élection des députés.

Cela résulte des termes mêmes de l'article 3 de la loi du 7 juillet 1852 sur les Conseils généraux, d'arrondissement et municipaux (1) et de l'article 27 du décret du 2 février 1852 : « *Sont déclarés indignes d'être élus* « *les individus désignés aux articles* 15 *et* 16 *de la présente loi.* »

Pour tout résumer, en un mot, nous dirons que les seules condamnations pénales qui entraînent la radiation des listes électorales et, partant, l'incapacité d'être élu aux élections politiques, sont celles prévues par les articles 15 et 16 du décret du 2 février 1852.

---

(1) Art. 3. de la loi du 7 juillet 1852. — L'élection des membres des Conseils généraux, des conseils d'arrondissement, des Conseils municipaux aura lieu par commune sur les listes dressées pour l'élection des députés au Corps législatif, conformément aux dispositions du décret du 2 février 1852.

CHAPITRE II

CONSÉQUENCES DES CONDAMNATIONS PÉNALES QUANT AUX DROITS PUBLICS

Après avoir étudié les conséquences que peuvent entraîner certaines condamnations pénales sur les droits politiques des condamnés et avoir vu combien nombreuses sont celles dont l'effet est de priver à tout jamais ceux qui les ont subies de leurs droits électoraux, il nous faut examiner si ces mêmes condamnations et d'autres encore ne vont pas rejaillir sur les droits publics des condamnés et si, leur peine terminée, ils ne resteront pas incapables d'être jurés, conseillers municipaux, s'ils pourront encore servir dans l'armée, en un mot, s'ils jouiront de toutes les prérogatives attachées à la qualité de citoyen.

Le Code pénal indique bien les incapacités et les déchéances encourues de plein droit (Art. 34) (1), ou celles

(1) La dégradation civique prévue par l'art. 34 est tantôt une peine principale, — pour les crimes politiques les moins graves, — tantôt une peine accessoire encourue de plein droit, — pour les peines

qui peuvent être prononcées par les juges à la suite de certaines condamnations (Art. 42) (1); mais nous ne voulons pas entrer dans l'étude de ces questions; tout le monde connaît ou est censé connaître les dispositions du Code pénal. Le but que nous nous proposons, pour

---

principales criminelles. — Dans ce dernier cas, elle s'applique aux travaux forcés à perpétuité, à la déportation, aux travaux forcés à temps, à la détention, à la rélégation, au bannissement.

La dégradation civique consiste :

1° Dans la destitution et l'exclusion des condamnés de toutes les fonctions, emplois ou offices publics.

2° Dans la privation du droit de vote, d'élection, d'éligibilité et en général de tous les droits civiques et politiques, et du droit de porter aucune décoration.

3° Dans l'incapacité d'être juré, expert, d'être employé comme témoin dans des actes, et de déposer en justice autrement que pour y donner de simples renseignements.

4° Dans l'incapacité de faire partie d'un conseil de famille et d'être tuteur, curateur, subrogé-tuteur, ou conseil judiciaire, si ce n'est de ses propres enfants et sur l'avis conforme de la famille.

5° Dans la privation du droit de port d'armes, du droit de la garde nationale, de servir dans les armées françaises, de tenir école ou d'enseigner et d'être employé dans aucun établissement d'instruction, à titre de professeur, maître ou surveillant.

(1) ARTICLE 42. — Les tribunaux jugeant correctionnellement pourront, dans certains cas, interdire en tout ou en partie l'exercice des droits civiques, civils et de famille suivants :

1° De vote et d'élection ;

2° D'éligibilité ;

3° D'être appelé ou nommé aux fonctions de juré ou autres fonctions publiques, ou aux emplois de l'administration ou d'exercer ces fonctions ou emplois ;

4° Du port d'armes ;

5° De vote et de suffrage dans les délibérations de famille ;

6° D'être tuteur, curateur, si ce n'est de ses enfants et sur l'avis seulement de la famille;

7° D'être expert ou employé dans les actes comme témoin ;

8° De témoignage en justice, autrement que pour y faire de simples déclarations.

rester d'accord avec notre titre, c'est de rechercher si certaines lois, se référant à des sujets spéciaux, n'ont pas disposé que les condamnés pour tel ou tel délit ne pourrait pas jouir de tel ou tel de leurs droits publics.

SECTION I

Droit de servir dans l'armée.

La loi du 15 juillet 1889 sur le recrutement de l'armée, en introduisant en France le service obligatoire pour tous les citoyens, a entraîné ce fâcheux résultat de le faire considérer non plus comme un honneur mais comme une obligation pénible. Faire marcher et manœuvrer des hommes en leur mettant toujours devant les yeux une discipline inflexible est sans doute un moyen d'arriver à la fin que l'on s'est proposé en créant des armées permanentes; arriver au même résultat, en développant chez l'homme les sentiments de patriotisme et d'honneur serait mieux. Et c'est pour faciliter cette tâche que le législateur de 1889 a isolé d'avec les hommes dont le passé est intact ceux qui, avant leur incorporation. ont subi certaines condamnations dénotant chez l'individu une perversité déjà grande.

On a voulu, par ce moyen, éviter la contagion presqu'infaillible qui se serait produite entre un corps gangrené et un corps sain.

Quelles sont les condamnations pénales qui entraînent soit l'exclusion de l'armée, soit l'envoi aux bataillons d'infanterie légère d'Afrique ?

§ I. — CONDAMNÉS EXCLUS DE L'ARMÉE

L'article 4 de la loi de 1889 est ainsi conçu : « *Sont exclus de l'armée, mais mis, soit pour leur temps de service actif, soit en cas de mobilisation, à la disposition du ministre de la Marine et des Colonies qui détermine par arrêtés les services auxquels ils peuvent être affectés :*

1° *Les individus qui ont été condamnés à une peine afflictive et infamante, ou à une peine infamante dans les cas prévus par l'art.* 177 *du C. pén.*

Sans revenir sur les peines afflictives et infamantes et les énumérer (1), il faut dire un mot de la peine infamante résultant de l'application de l'article 177 C. pén. Il s'agit du fonctionnaire public de l'ordre administratif ou judiciaire qui aurait été dégradé civiquement pour avoir agréé des offres ou promesses, ou reçu des dons et présents pour faire un acte de sa fonction, même juste, mais non sujet à salaire. C'est le seul cas où une peine simplement infamante entraîne comme conséquence de sa prononciation l'exclusion de l'armée.

2° *Ceux qui ayant été condamnés à une peine correctionnelle de deux ans d'emprisonnement et au-dessus ont été, en outre, par application de l'article* 42 *du Code pénal, frappé de la privation de tout ou partie de l'exercice des droits civiques, civils et de famille.*

Les termes généraux de la loi ne laissent pas de

(1) Voir page 12 du chapitre I.

doutes sur son interprétation ; tout individu condamné à plus de deux ans de prison pour un délit quelconque encourera, par le fait même, l'exclusion de l'armée, si le tribunal, jugeant correctionnellement, lui a fait, dans les cas où il le peut, application totale ou partielle de l'article 42 C. pén.

Il est à remarquer, d'ailleurs, que certains délits punissables d'une peine supérieure à deux ans d'emprisonnement peuvent ne pas cependant entraîner l'application de l'article 42. « Les tribunaux jugeant correctionnellement », dit la loi, « *pourront dans certains cas interdire* ». Les cas sont limitativement déterminés soit par le Code soit par des lois postérieures. En dehors de ces hypothèses, le § 2 de l'article 4 de la loi de 1889 n'est pas applicable. Les individus, donc, condamnés à plus de deux ans d'emprisonnement, mais auxquels l'application de l'art. 42 n'aura pas été faite, soit parce qu'elle n'était pas possible, soit parce que les juges ne l'ont pas jugé à propos, rentreront dans le droit commun ; ils seront donc incorporés dans les régiments métropolitains, à moins qu'ils ne tombent sous le coup de l'article 5 de la même loi. Or, l'article 5 énumère limitativement les délits à la suite desquels les condamnés seront envoyés aux bataillons d'infanterie légère d'Afrique. On pourra donc voir le résultat suivant se produire. Un individu a été condamné correctionnellement à plus de deux ans de prison, l'article 42 ne lui a pas été ou ne pouvait lui être appliqué, d'autre part le délit commis ne rentre pas dans l'énumération de l'article 5, dans ces conditions le condamné ne pourra ni être exclu de l'armée, ni être envoyé, pour y accomplir son service militaire, aux bataillons d'infanterie légère d'Afrique ; il devra être incorporé dans un régiment de France.

N'y a-t-il pas là une grave imprévoyance de la part du législateur et un danger ?

Prenons un exemple. L'article 414 C. pén. déclare punissable d'un emprisonnement de 6 jours à 3 ans — emprisonnement correctionnel — quiconque, à l'aide de violence, voies de faits, menaces, ou manœuvres frauduleuses, a amené ou maintenu une cessation de travail dans le but de forcer la hausse ou la baisse des salaires ou de porter atteinte au libre exercice de l'industrie et du commerce.

Pour tout résumer, en un mot, il s'agit ici d'un meneur de grève. Cet individu, condamné à plus de deux ans de prison pour un des faits ci-dessus énoncés, sera incorporé dans un régiment métropolitain, la loi ne permettant pas de lui appliquer l'article 42 C. pén.

N'est-ce pas un danger grave de corruption lorsque l'on pense quelle triste influence pourra avoir sur ses camarades cet orateur malsain des réunions publiques ?

C'est un exemple : il y en a d'autres. On ne saurait trop insister sur ce point qui demande une réforme.

Sans doute il existe certains délits qui, quoique punis d'une peine supérieure à deux ans d'emprisonnement, ne méritent pas de faire exclure de l'armée leurs auteurs ; ils peuvent ne pas supposer chez l'agent une perversité morale suffisante. C'est le cas de l'article 439-3° C. pén. (1).

---

(1) Article 439-3°. Il s'agit de l'individu qui a détruit des pièces ou originaux autres que des actes de l'autorité — ou des effets de commerce ou de banque. Il peut être puni de 2 à 5 ans de prison.

3° *Les Relégués collectifs.*

Et l'article ajoute : *Les relégués individuels sont incorporés dans les corps de disciplinaires coloniaux.*

Les relégués collectifs, d'après la loi, à la différence des relégués individuels, sont entièrement exclus de l'armée. Toutefois les exclus peuvent éventuellement concourir à la défense nationale. La loi dispose, en effet, que, tout en étant exclus de l'armée, ils sont mis soit pour leur temps de service actif, soit en cas de mobilisation, à la disposition du ministre de la Marine et des Colonies qui détermine par arrêtés les services auxquels ils peuvent être affectés. Ils continuent à suivre le sort de la classe à laquelle ils appartiennent par leur tirage au sort et ne sont déchargés de l'obligation spéciale que leur impose l'article 4 qu'au moment où leur classe est libérée.

Cette expression « exclus de l'armée », employée par le législateur de 1889, n'est donc pas entièrement juste.

Ceux qui ont été frappés de cette exclusion sont, en effet, à la disposition du ministre de la Marine et accomplissent pendant la durée de leur temps de service des travaux pénibles disproportionnés, dans bien des cas, avec la peine encourue.

§ II. — CONDAMNÉS ENVOYÉS AUX BATAILLONS D'INFANTERIE LÉGÈRE D'AFRIQUE

La loi de 1889, dans son article 5, s'exprime ainsi :

Sont incorporés dans les bataillons d'infanterie légère d'Afrique :

1° *Les individus reconnus coupables de crimes et condamnés seulement à l'emprisonnement par application de l'art.* 463 *du Code pénal.*

Il s'agit de crimes punis de peines correctionnelles à la suite d'une déclaration de circonstances atténuantes (1).

2° *Ceux qui ont été condamnés correctionnellement à trois mois de prison au moins pour outrage public à la pudeur, pour délit de vol, escroquerie, abus de confiance, ou attentat aux mœurs prévu par l'art.* 334. *C. pénal.*

Tous ces délits, nominativement indiqués, sont suffisamment connus pour qu'il soit inutile d'y insister. Ils se rencontrent, soit dans le décret de 1852 sur les élections (2), soit dans la loi de 1872 sur le jury (3). Toutefois le législateur de 1889 s'est montré moins sévère que ces prédécesseurs ; il a retranché certains délits qui figurent soit dans la loi de 1852, soit dans celle de 1872. Lors de la discussion de la loi certains députés voulaient comprendre dans la liste des délits entraînant l'envoi aux bataillons d'infanterie légère d'Afrique, le délit de vagabondage. Cette disposition ne fut pas adoptée : peut-être devons-nous le regretter. L'individu condamné pour vagabondage touche de bien près celui condamné pour vol, et si ce dernier est considéré comme dangereux dans l'armée métropolitaine, le premier doit être pour les jeunes gens qui vivront avec lui un exemple aussi mauvais.

(1) Voir pour les détails, page 17 du ch. I

(2) Voir page 19 du ch. I.

(3) Voir page 69 et sq.

A la même époque M. Georges Roche avait proposé, sur le paragraphe 2 de l'article 5, un amendement aux termes duquel les individus condamnés pour vol, escroquerie, abus de confiance, attentat aux mœurs prévus par l'article 334 C. pén. devaient être incorporés dans les bataillons d'infanterie légère d'Afrique quelle que soit la durée de la peine d'emprisonnement prononcée, afin d'éviter au jeune soldat honnête une promiscuité obligée avec un homme déshonoré par une condamnation. Cette proposition a été repoussée comme trop sévère et comme nécessitant l'envoi aux bataillons d'infanterie légère d'Afrique d'hommes qui, n'étant pas d'une perversité bien grande, pourraient, par leur passage dans les rangs de l'armée de France, s'amender, alors qu'au contraire la fréquentation avec les soldats d'Afrique avait bien des chances de les rendre plus mauvais.

3° *Ceux qui ont été l'objet de deux condamnations au moins, quelle qu'en soit la durée, pour l'un des délits spécifiés par le paragraphe précédent — outrage public à la pudeur, vol, escroquerie, abus de confiance, attentat aux mœurs —.*

Le législateur a pensé, à bon droit, que l'individu qui avait déjà subi deux condamnations, pour les délits spécifiés, avant son incorporation, devait être peu digne d'intérêt et surtout dangereux. Il a donc voulu éviter par les dispositions de l'article 5-3°, qu'il ne fût mélangé avec les hommes honnêtes, dans la crainte que son exemple ne devînt contagieux ; aussi l'a-t-il relégué aux bataillons d'infanterie légère d'Afrique. Sans doute, il est à craindre qu'il ne s'y amende pas et, qu'étant en contact journalier avec des hommes aussi pervers, peut-être plus pervers que lui, il n'en sorte plus mauvais; du moins il n'aura pu corrompre et entraîner au vice des jeunes gens encore honnêtes.

Il est à remarquer que la loi, ne voulant pas désespérer complètement celui qui, pour une faute commise peut-être sous l'empire de la passion, se voit contraint d'être incorporé aux bataillons d'infanterie légère d'Afrique, lui a permis, si sa conduite a été bonne, d'être réintégré, après un an de séjour en Afrique, dans un régiment métropolitain.

On ne peut abandonner l'explication de l'article 5, sans dire que, lors de sa discussion au Sénat, M. Bérenger en avait demandé la suppression complète. Sans doute, l'indulgence pour les fautes commises dans le jeune âge doit être grande, mais n'existe-t-il pas aussi, dès cet âge, des individus dont la perversion est déjà telle, qu'il n'y a plus lieu d'espérer leur amendement ?

La loi de 1889 a, dans son article 6, fait une mention spéciale relative aux condamnés pour crimes et délits politiques. On a pensé, avec raison croyons-nous, qu'un crime ou un délit politique ou un fait connexe à un crime ou délit politique, ne supposait pas chez leurs auteurs une perversité suffisante pour l'exclure de l'armée ou pour l'envoyer aux bataillons d'infanterie légère d'Afrique. La seule difficulté gît dans l'application de cet article et dans le fait de savoir quand il y a crime ou délit politique. Cette question, comme l'indique l'art. 6 lui-même, est laissée à l'appréciation du tribunal civil.

Telles sont, énumérées et brièvement commentées,

les condamnations pénales dont une des conséquences est d'exclure les condamnés de l'armée, ou, tout au moins, de les obliger à faire leur service militaire dans des corps spéciaux.

Ce serait être incomplet que de ne pas indiquer certaines autres conséquences des condamnations pénales, soit au point de vue des périodes à faire pour les réservistes, soit au point de vue des engagements volontaires.

L'article 48 décide : *Les hommes désignés dans l'article 5, comme devant être incorporés dans les bataillons d'infanterie légère d'Afrique et qui n'auront pas été jugés dignes d'être envoyés dans d'autres corps, au moment où ils passeront dans la réserve, seront, lors de leur passage dans la réserve, affectés à ces mêmes corps. En temps de paix, ils accompliront leurs périodes d'exercice dans des compagnies spécialement désignées à cet effet.*

Peut-être y-a-t-il là une sévérité bien grande, mais il convient de remarquer que les périodes d'instruction en temps de paix auront toujours lieu en France.

L'administration militaire ne voulant pas avec raison mélanger les réservistes des bataillons d'Afrique avec les autres hommes, en forme des compagnies spéciales, que l'on isole le plus complètement possible quand les logements le permettent. Pourtant, il est une mesure qui nous semble de beaucoup exagérée et funeste : c'est de placer sur le costume du réserviste ayant accompli son service militaire aux bataillons d'infanterie légère d'Afrique, un signe distinctif permettant à tout le monde de le reconnaître. Il y a là une humiliation inutile, sans profit pour personne. De ce qu'un individu a commis un délit qui lui a valu de passer trois ans aux bataillons d'Afrique, il ne s'en suit pas qu'il soit nécessairement et à tout jamais un malhonnête homme; il a pu s'amender, devenir meilleur; pourquoi alors lui faire porter cette marque qui attire sur lui l'attention de ses concitoyens?

Quant aux engagements volontaires, la loi s'est montrée plus sévère encore pour les individus ayant subi auparavant des condamnations.

L'article 59 dit: *L'engagé volontaire doit*: 3° *N'avoir jamais été condamné pour vol, escroquerie, abus de confiance, attentat aux mœurs et n'avoir subi aucune des peines prévues par l'art.* 5 *de la présente loi, à moins qu'il ne veuille contracter son engagement pour un bataillon d'infanterie légère d'Afrique.*

Interdire l'entrée de l'armée métropolitaine à de jeunes condamnés pour un des délits énumérés par l'article 5, quand c'est la loi qui exige d'eux le service militaire, rien de mieux, il y a peu d'espoir que la vie de soldat les rende meilleurs. Autre est le cas du jeune homme qui veut s'engager après avoir subi une condamnation, peut-être même parce qu'il a subi cette condamnation. Il veut sans doute, par ce moyen, échapper au milieu social qui l'a corrompu, essayer de se relever, soutenu qu'il soit, par une règle sévère et une vie active. Alors pourquoi l'obliger à s'engager dans les bataillons d'infanterie légère d'Afrique? Le remède ne serait-il pas pire que le mal, et faire passer ce jeune homme quatre ans dans ce milieu social perverti n'est-ce pas presque forcément le contraindre à contracter de mauvaises habitudes, en un mot n'y a-t-il pas lieu de craindre qu'il ne sorte pire qu'il est entré ?

Cette conséquence d'une condamnation pénale est exagérée; il y a lieu d'espérer qu'une atténuation se produira et que l'on permettra aux condamnés pour les délits prévus par l'article 5 de s'engager dans les corps de troupes métropolitains.

Il est enfin une condamnation pénale dont il faut dire un mot : elle a pour conséquence d'obliger le condamné à accomplir son temps de service militaire dans les compagnies de discipline. Cette disposition, prévue par l'art. 70, est ainsi conçue : « *Tout homme prévenu de s'être rendu impropre au service soit temporairement, soit d'une manière permanente, dans le but de se soustraire aux obligations de la présente loi est déféré aux tribunaux... S'il est reconnu coupable, il est puni d'un emprisonnement d'un mois à un an. — Sont également déférés aux tribunaux et punis de la même peine les jeunes gens qui, depuis la clôture des listes cantonales à leur mise en activité, se sont rendus coupables de même délit. A l'expiration de leur peine, les uns et les autres sont mis à la disposition du ministre de la Guerre pour tout le temps du service militaire qu'ils doivent à l'Etat et sont envoyés dans une compagnie de discipline.* Sanction sévère mais qu'on ne saurait critiquer, étant donné la fréquence avec laquelle des faits semblables se produiraient s'il n'y avait pas une répression énergique.

A quelques-unes de ces dispositions, différentes modifications et améliorations ont été apportées par des lois postérieures à celle de 1889.

Lorsqu'en 1891 fut votée la loi sur l'atténuation et l'aggravation des peines, — plus connue sous le nom de loi Bérenger — la question fut posée de savoir si les condamnés avec sursis pourraient se prévaloir de ce sursis et demander en conséquence de ne point être incorporés dans les bataillons d'infanterie légère d'Afrique. Le condamné n'ayant pas subi sa peine et ayant obtenu l'indulgence du juge ne doit pas perdre disait-on, l'avantage du sursis par son envoi aux bataillons d'Afrique.

L'administration militaire se refusa toujours à admettre cette théorie et sa décision était inattaquable en droit. Elle se retranchait derrière le texte même de la loi de 1891, article 2 : « La suspension de la peine ne comprend pas les peines accessoires et les incapacités résultant de la condamnation ». Or c'est bien une peine accessoire que d'être envoyé aux bataillons d'infanterie légère d'Afrique ; il y a donc lieu d'appliquer la loi et rien ne permet de sortir de ses termes. Cette décision, pour être juste et légale, n'en était pas moins exagérée. C'est ce qu'ont pensé de nombreux députés; aussi un projet de loi a-t-il été déposé sur le bureau de la Chambre tendant à appliquer les dispositions de la loi de 1891 à la loi de 1889, et à décider que les condamnés ayant bénéficié du sursis seraient désormais admis à faire leur service militaire ou à s'engager dans les régiments métropolitains. Cette proposition de loi a été tout récemment votée le 1er mai 1897. Elle dispose dans son article unique : « *L'art.* 5 *et les trois derniers paragra-*

phes de l'article 48 — *Réservistes* — *de la loi du* 15 *juillet* 1889 *ne s'appliquent pas aux hommes qui auront bénéficié de la loi du* 26 *mars* 1891. » Elle décide de plus : « *Les conditions prescrites aux paragraphes* 3° *et* 4° *de l'article* 56 — *conditions des engagements volontaires* — *de la loi du* 13 *juillet* 1889 *ne sont pas exigées des hommes ayant bénéficié de la loi du* 26 *mars* 1891 *qui contracteront des engagements volontaires de quatre et cinq ans.* »

Désormais nous ne verrons plus se produire ce fâcheux résultat d'un jeune homme qui, condamné avec sursis, voulait s'engager et était obligé d'aller dans les bataillons d'infanterie légère d'Afrique,

Toutefois la loi du 1er mai 1897, ne voulant pas se montrer imprévoyante en étant libérale, a décidé dans son paragraphe 3 : *En cas d'inconduite grave durant leur présence sous les drapeaux, ces hommes* — *les condamnés avec sursis* — *pourront, sur la proposition de leur chef de corps, et par décision ministérielle, être envoyés aux bataillons d'infanterie légère d'Afrique, ou, en temps de paix, à des compagnies spécialement désignées pour accomplir leur période d'exercice.*

L'article 7 de la loi du 24 décembre 1896 — sur l'inscription maritime — a appliqué aux marins les dispositions des articles 4, 5 et 6 de la loi du 15 juillet 1889. De même la loi du 1er mai 1897 a étendu ses faveurs aux inscrits maritimes. « *Les inscrits visés au paragraphe* 2 *de l'article* 7 *de la loi du* 24 *décembre* 1896 *bénéficieront des dispositions du présent article et peuvent, en cas d'inconduite grave, recevoir, par décision ministérielle, une destination disciplinaire dans les mêmes conditions que les hommes du recrutement.* »

SECTION II

Droit de porter la Légion d'honneur et autres décorations

Tout citoyen français jouissant de ses droits politiques et civils peut porter la décoration de la Légion d'honneur et jouir des privilèges et prérogatives qui y sont attachés, s'il a été légitimement nommé membre de cet ordre.

Pour nous, sans rechercher le fonctionnement de cette institution, nous indiquerons seulement les condamnations pénales à la suite desquelles les légionnaires peuvent et doivent être rayés du tableau de la Légion d'honneur (1).

Les condamnations pénales, prononcées par les tribunaux de répression, civils ou militaires, n'entraînent pas toujours et nécessairement la perte de la qualité de légionnaire.

En matière criminelle, la radiation est toujours encourue comme conséquence de toute condamnation à une peine afflictive et infamante ou emportant dégradation civique.

En matière correctionelle, il n'en est plus de même.

---

(1) Beaucoup de faits, non prévus par les lois pénales, qui ne sont, par conséquent, ni des délits, ni des contraventions, peuvent néanmoins entraîner la radiation ou la suspension.

Quelle que soit la condamnation, aucune déchéance n'a lieu de plein droit contre les membres de la Légion d'honneur. Le chef de l'Etat, agissant comme chef de l'ordre, peut, aux termes de l'article 46 du décret du 16 mars 1852, suspendre un légionnaire de tout ou partie, suivant les cas, de l'exercice de ses droits et prérogatives, ou même prononcer son exclusion de l'ordre (1).

La solution serait la même si un légionnaire, poursuivi pour crime, était condamné à une peine correctionnelle par application des circonstances atténuantes.

Sous l'empire du décret du 16 mars 1852, on s'était demandé si une condamnation correctionnelle à l'amende pourrait autoriser le chef de l'Etat à rayer ou à suspendre de ses droits un membre de la Légion d'honneur. La négative était généralement admise, basée sur l'article 5 du décret du 24 novembre 1852. Réglant le mode d'exécution de ce pouvoir disciplinaire, cet article ne vise que le cas d'une condamnation définitive à une peine corporelle (2).

Cette décision était critiquable, certaines infractions n'étant punies que de la peine de l'amende.

Mais, cet article 5 ayant été abrogé par le décret du 9 mai 1874, l'action disciplinaire du chef de l'Etat peut s'exercer désormais, quelleque soit la peine correctionnelle prononcée contre le légionnaire. Ainsi a-t-il été décidé que le chef de l'Etat n'outrepassait pas ses droits en prononçant la radiation des matricules de la Légion d'honneur contre un légionnaire condamné à une

---

(1) Aucoc : *Discipline de la Légion d'honneur*

(2) Conseil d'Etat, 15 janvier 1875. — D. P. 75, 2, 92.

amende pour distribution de dividendes fictifs (1).

En principe le chef de l'Etat est libre de prononcer la radiation à la suite d'une condamnation correctionnelle. Pourtant, il est des cas où certains auteurs prétendent que la qualité de membre de la Légion d'honneur est perdue ou suspendue de plein droit par les mêmes causes que celles qui font perdre, soit définitivement, soit temporairement la qualité de citoyen français — Décret 16 mars 1852, art. 38 et 39. — Ce sont les délits qui entraînent la privation des droits électoraux. — Décret du 2 février 1852, art. 15 et 16. — D'où il suivrait que celui qui est privé de ses droits d'électeur, définitivement ou temporairement, serait, par le fait même et sans décision du chef de l'Etat, privé de sa qualité de membre de la Légion d'honneur. M. Aucoc (2) combat cette théorie en disant que la généralité des termes de l'article 46 du décret du 16 mars 1852 ne permet pas une pareille interprétation; ce serait supprimer l'appréciation du chef de l'Etat dans un trop grand nombre de cas, et les rédacteurs du décret de 1852 ne pouvaient avoir songé à cette interprétation.

Ces dispositions relatives à la Légion d'honneur sont applicables aux décorés de la médaille militaire (3), ainsi qu'aux décorés des médailles coloniales successivement créées en France (4).

---

(1) Conseil d'Etat, 1er mai 1893. — D.P. 93, 3, 111.

(2) Aucoc : *Op. cit.*

(3) Circulaire Min. de la Justice, 17 janvier 1863.

(4) Inst. Min. de la Justice, 15 janvier 1876 et 28 déc. 1891. (*Bulletin du ministère de la Justice*, 1876, p. 105 et 1891, p. 554).

Quant aux diverses médailles d'honneur qui sont accordées pour récompenser des actes de la vie civile, elles ne constituent par un ordre particulier et les dispositions disciplinaires des décrets de 1852 et de 1874 ne leur sont point applicables. Elles pourront donc continuer à être portées malgré les condamnations pénales encourues par les titulaires.

Les dispositions disciplinaires relatives à la Légion d'honneur sont, dit l'article 13 du décret de 1853, applicables aux ordres étrangers, et, aux termes de l'art. 7 du décret du 24 novembre 1852, la suspension des droits et prérogatives attachés à la qualité de membre de la Légion d'honneur emporte la suspension de l'autorisation de porter les insignes d'un ordre étranger quelconque, de même que la privation complète des mêmes droits emporte le retrait définitif de l'autorisation de porter les insignes d'un ordre étranger.

SECTION III

Du droit de port d'armes et du droit d'obtenir un permis de chasse.

§ I. — **DU PORT D'ARMES.**

« Le droit de port d'armes résulte, pour tous les citoyens, de ce que ce n'est que dans certains cas que les lois en défendent l'exercice ; ce qui fut, d'ailleurs, reconnu, dans les termes les plus formels, par un avis du Conseil d'Etat du 18 mars 1811 (1). »

En principe donc ce droit appartient à tout citoyen qui n'en a pas été privé. Reste à chercher les dispositions législatives qui permettent de priver de ce droit.

Le Code pénal nous en montre les plus nombreux exemples dans les articles autorisant les juges correctionnels à faire l'application de l'article 42, où, parmi les droits qui peuvent être retirés au condamné, se trouve le droit de port d'armes.

En dehors du code pénal la loi du 23 janvier 1873, tendant à réprimer l'ivresse publique dispose dans son article 3 : « *Toute personne qui aura été condamnée deux fois en police correctionnelle pour délit d'ivresse manifeste sera déclarée par le second jugement incapable d'exercer les droits suivants* : 1°... 4° *de port d'armes pendant deux ans à partir du jour où la condamnation sera devenue définitive*. »

Dans cette hypothèse, le juge doit prononcer l'incapacité — « sera déclarée, par le second jugement » — ce n'est plus pour lui une faculté comme dans l'article 42. C. pén. Par contre l'incapacité n'est ici que temporaire alors que, dans les autres cas, elle peut être perpétuelle.

Qu'arriverait-il si le juge correctionnel avait oublié, dans le second jugement, de prononcer l'incapacité ? Le condamné bénéficierait de cet oubli, la loi ne faisant pas encourir l'incapacité de plein droit, mais imposant au juge de la prononcer.

---

(1) Carnot : *Commentaire du Code pénal*, tome I, art. 42. — Idem, Merlin : *Répertoire de Jurisprudence*, V° Armes, § 11, p. 475.

§ II. — DU PERMIS DE CHASSE

Si le port d'armes est un droit appartenant à tout citoyen qui n'en a pas été légalement privé, le permis de chasse n'appartient au contraire, qu'à celui qui en a fait la demande à l'autorité compétente et à qui il a été accordé.

En principe, tout un chacun peut obtenir un permis de chasse; cependant il est certaines condamnations prévues par la loi du 3 mai 1844 sur la chasse ou par des lois postérieures et qui ont pour conséquences d'autoriser ou d'obliger le préfet à refuser le permis à ceux qui les ont encourues.

I. — Cas dans lesquels le permis de chasse pourra être refusé

L'art. 6 de la loi du 3 mai 1844 décide : *Le préfet pourra refuser le permis de chasse.... ; 2° à tout individu qui, par une condamnation judiciaire, a été privé de l'un ou de plusieurs des droits énumérés dans l'art.* 42, *autres que le droit de port d'arme* (1).

Des termes de ce paragraphe doit-il résulter, comme l'a décidé le Conseil d'Etat (2) que l'individu condamné à un emprisonnement de plus d'un mois pour outrage envers un maire dans l'exercice de ses fonctions et rayé, de ce fait, des listes électorales, devait se voir refuser un permis de chasse par le préfet ? Non, pensons-nous.

---

(1) Voir page 38 le texte de l'art. 42.

(2) Cons. d'Etat, 13 mars 1867. — D.P. 67, 3, 98.

Les dispositions du décret de 1852, ne peuvent ni ne doivent être étendues à la loi de 1844. Chacune de ces lois a pu édicter des incapacités ; il ne faut pas que l'interprète les transporte à d'autres hypothèses que celles prévues ; aussi dirons-nous qu'il n'y a aucune corrélation entre les condamnations entraînant la radiation des listes électorales et celles autorisant les préfets à refuser la délivrance des permis de chasse ; rien ne s'oppose à ce qu'un individu privé de ses droits électoraux puisse obtenir un permis de chasse.

3° *A tout condamné à un emprisonnement de plus de 6 mois, pour rébellion* (*C. pén.* 209 *et sq.*) *ou violence envers les agents de l'autorité publique* (*C. pén.* 228. *sq.*)

4° *A tout condamné pour délit d'association illicite* (*C. pén.* 265. *sq.* 291. *sq.*), *de fabrication, débit, distribution de poudre, armes ou autres munitions de guerre* (*C. pén.* 314. *Loi du* 11 *mai* 1834. *Loi du* 14 *août* 1885), *de menaces écrites ou verbales avec ordre et sous condition, d'entrave à la circulation des grains, de dévastation d'arbres ou de récoltes sur pied, de plans venus naturellement, ou faits de mains d'homme.*

La loi autorise ici le préfet à priver du permis de chasse tout individu condamné pour un des délits ci-dessus énumérés quelle que soit la peine prononcée — amende ou emprisonnement, — et sa quotité.

5° *Aux individus condamnés pour vagabondage, mendicité, vol, escroquerie et abus de confiance* (1).

(1) Sous la dénomination d'abus de confiance, la rubrique du § 2, section 2, chapitre 2, titre 2, livre 3, C. pén., comprend : l'abus des besoins, des faiblesses ou des passions d'un mineur, pour lui faire souscrire à son préjudice des obligations, quittances ou décharges.

Ici encore, la loi est muette sur la peine prononcée, et sur sa quotité, d'où il résulte que toute condamnation permet au préfet de refuser le permis.

Durée de la faculté de refuser le permis de chasse.

Si le préfet a la faculté de refuser de délivrer un permis de chasse, à la suite de certaines condamnations, cette faculté n'est pas toujours perpétuelle comme l'indique *in fine* l'art. 6 de la loi de 1844. « La faculté de refuser le permis de chasse aux condamnés dont il est question aux paragraphes 3, 4 et 5 cessera cinq ans après l'expiration de la peine. »

La disposition finale de l'article 6 a soulevé en pratique une difficulté lorsque la peine prononcée en vertu des délits spécifiés au 3°, 4°, 5° était l'amende. On a dit : cette peine n'a pas de durée, elle ne peut être considérée comme expirant au bout d'un certain temps, donc elle ne rentrera pas dans les termes de l'art. 6 de la loi de 1844. Ce raisonnement vaudrait si l'article 6 avait fait, dans son énumération des délits, une distinction entre ceux qui entraînent l'amende et ceux qui entraî-

pour prêt d'argent ou de choses mobilières, ou d'effets de commerce ou de tous autres effets obligatoires, sous quelque forme que cette négociation ait été faite ou déguisée (C. pén. 406) ; l'abus de blanc-seing (C. pén. 407) ; l'abus de confiance proprement dit, en détournant ou en dissipant au préjudice des propriétaires, possesseurs, détenteurs, des effets, deniers, marchandises, quittances ou tous autres écrits, contenant ou opérant obligation ou décharge, qui ne lui aurait été remis qu'à titre de louage, de dépôt, de mandat, de nantissement, de prêt à usage, ou pour un travail salarié ou non salarié, à la charge de les rendre ou représenter, ou d'en faire un emploi déterminé (408 C. pén.); la soustraction des pièces ou mémoires produits dans un procès (409. C. pén.).

nent l'emprisonnement, il n'en a point été ainsi ; c'est donc que la loi les range sous les mêmes règles. D'ailleurs, l'infraction qui consiste à empêcher la libre circulation des grains n'est jamais punie que d'une amende, comment la loi pourrait-elle s'appliquer si l'on admettait le système énoncé ?

Mais alors, objecte-t-on, quel est le point de départ du délai de cinq ans pendant lesquels l'administration peut refuser le permis de chasse. Au milieu du conflit d'opinions, parmi les auteurs, sur cette question, nous admettrons que le délai de cinq ans a pour point de départ le jour du paiement de l'amende. La peine de l'amende ne se subit que par le paiement, au condamné donc de payer l'amende au plus tôt s'il ne veut pas rester plus longtemps sous le coup de l'incapacité (1).

L'alinéa final de l'art. 6 ne se référant pas aux condamnations prévues par le § 1-2°, de l'article 6, la question s'est posée de savoir si l'administration pouvait refuser le permis aux individus ayant encouru les peines indiquées au 2° pendant seulement un délai de cinq ans, ou bien si ce droit de refuser le permis était

---

(1) En ce sens : Leblond : *Code de la chasse et de la louveterie*, nº 105.

Viel : *La loi sur la chasse*, nº 25.

Deux autres opinions sont soutenues. La première décide qu'en cas de condamnations à une simple amende, les cinq ans courent du jour où la condamnation est devenue définitive (Giraudeau : *La Chasse*, nº 561. — Jullemier : *Procès de Chasse*, p. 45).

La seconde veut que le délai quinquennal courre, soit du jour du paiement de l'amende, soit du jour où la condamnation est devenue irrévocable, selon que l'amende a été acquittée à une époque voisine ou non du jugement. Dalloz S. R. : Vº *Chasse*, nº 350. — Petit : *Traité complet du droit de chasse*, t. III, p. 65.

perpétuel. Diverses solutions ont été proposées. Celle qui nous semble la plus juste, en même temps que la plus conforme au texte de la loi, est la suivante : Les condamnés dont parle l'article 6, § 1-2°, demeurent indéfiniment soumis à l'arbitraire administratif, puisque la loi n'a pas prévu, comme pour les autres condamnés, la cessation de cette incapacité (1).

II. — Cas dans lesquels le permis doit être refusé

L'article 8 de la loi de 1844 dit : *Le permis de chasse ne sera pas accordé :*

1°) *A ceux qui, par suite de condamnation, sont privés du droit de port d'armes.*

---

(1) En ce sens : Dalloz S. R. : *V° Chasse*, n° 352. — Gillon et Villepin : *Nouveau Code de la chasse*, n°s 144-145.

Deux autres opinions ont été soutenues. Dans un premier système l'incapacité relative aux condamnés désignés dans le n° 2 du paragraphe 1 de l'article 6 cesse cinq ans après l'expiration de la peine. C'est une simple inadvertance du législateur de ne pas avoir compris le n° 2 dans la disposition finale de l'article 6. Ce système nous semble parfaitement insoutenable et ce n'est pas prouver que de se retrancher derrière une inadvertance prétendue du législateur. — Camusat-Busseroles : *Code de la police de la chasse*, p. 76.

Dans le second système on soutient que, dans le § 1, n° 2, il faut substituer les mots « est privé » aux mots « a été privé » et dès lors l'incapacité d'obtenir un permis de chasse ne dure que ce que dure la peine principale.

Système par trop favorable au condamné. Les peines prévues au § 1, n° 2 sont plus sévères que celles des n°s 3, 4. 5 et l'incapacité serait de moins longue durée. Ceci nous semble illogique et inadmissible.

Bernat-Saint-Prix : *Législation de la chasse et de la louveterie*, p. 62. — Duvergier : *Code de la chasse et commentaire de la loi du 3 mai 1844*, n° 119.

Cette privation du droit d'obtenir un permis de chasse ne se réfère qu'au temps pendant lequel le condamné subit sa peine. Quand elle est terminée, il retombe sous l'application de l'article 6.

2°) *A ceux qui n'auront pas exécuté les condamnations prononcées contre eux pour l'un des délits prévus par la présente loi.*

Cette disposition a trait à toute condamnation, emprisonnement ou amende, mais ne concerne nullement les réparations civiles et dommages-intérêts qui peuvent être dus.

3°) *A tout condamné placé sous la surveillance de haute police* (*aujourd'hui interdiction de séjour*). Cette incapacité d'obtenir un permis de chasse est limitée à la durée de l'interdiction de séjour. Dès que la peine accessoire est terminée, l'ancien condamné recouvre le droit d'exiger un permis, à moins, toutefois, que la peine principale encourue ne le soit pour un des délits prévus par l'article 6.

Enfin l'article 18 de la loi de 1844 indique encore certains cas dans lesquels un individu peut être privé des droits d'obtenir un permis de chasse. « *En cas de con-*
« *damnations prévues par la présente loi, les tribunaux*
« *pourront priver les délinquants du droit d'obtenir*
« *un permis de chasse pour un temps qui n'excèdera pas*
« *cinq années.* »

Pour que le préfet puisse, dans cette hypothèse, refuser le permis, il faut que le juge correctionnel ait, dans son jugement, inséré une disposition formelle privant le délinquant du droit d'obtenir le permis.

Reste une question, celle de savoir si l'incapacité ou l'indignité survenue à la suite de l'obtention régulière d'un permis a pour effet de dépouiller immédiatement le porteur des droits et prérogatives qui y sont attachés, et cela qu'il s'agisse des condamnations prévues à l'article 6 ou de celles prévues aux articles 8 et 18. D'après l'opinion dominante et qui nous semble juste, la privation du droit d'obtenir un permis de chasse prononcée par une décision judiciaire conformément à l'article 18 de la loi de 1844, entraîne, du moment où cette décision est devenue définitive, privation du droit de chasse et interdiction de faire usage du permis antérieurement délivré. De même l'administration peut faire retirer le permis à ceux qui ont encouru une condamnation pour un des délits prévus à l'article 6 ou qui, suivant l'article 8, n'ont pas exécuté leur condamnation (1).

SECTION IV

Du droit d'être juré

L'idée qui domine la loi du 21 novembre 1872 sur l'organisation du jury est la suivante : le ministère de juré doit être considéré comme une fonction judiciaire et non pas comme un droit civique, ainsi qu'on l'avait admis dans les lois antérieures sur cette matière.

---

(1) En ce sens, Rouen, 4 déc. 1880. — D. P. 82, 5, 75. — Amiens, 21 mai 1874. — D. P. 74. 2, 196.

Et la plupart des auteurs. Camusat : *Op. cit.* p. 83. — Duvergier : sur l'art. 18 : *Op. cit.*

— Lois du 2 mars 1827, du 29 avril 1831. Décret du 7 août 1848.—Cette différence théorique entraîne cette autre en pratique : désormais la loi indique ceux des citoyens qui *peuvent* être inscrits sur les listes de juré, alors qu'autrefois elle indiquait ceux qui *devaient* y être inscrits.

La loi de 1872, reproduisant et augmentant les dispositions des lois antérieures, indique les individus qui ne peuvent plus être jurés comme ayant subi certaines condamnations pénales.

Beaucoup des dispositions contenues à ce sujet dans la loi de 1872 ne sont que la reproduction textuelle de celles du décret du 2 février 1852 sur l'élection à la Chambre des Députés. Nous les énumèrerons toutes néanmoins en renvoyant aux discussions déja énoncées s'il y a lieu.

L'article 1er décide : « *Nul ne peut remplir les fonctions de juré s'il ne jouit des droits politiques, civils et de famille.* » Cette jouissance est une condition essentielle de l'exercice des fonctions de juré. Quiconque a perdu ces droits, pour quelque raison que ce soit, est donc exclu des listes de jurés et cela s'applique : 1° A tout individu non inscrit ou rayé des listes électorales en vertu des condamnations pénales énoncées au décret de 1852 (1); 2° à tous ceux qui ont été privés de leurs droits civils et de famille en vertu d'une condamnation — déchéance de la puissance paternelle, par exemple — ou de toute autre cause (2).

---

(1) Voir le chapitre I.
(2) Voir le chapitre III.

A côté de cette disposition générale, trop vaste et trop compréhensive pour ne point entraîner des difficultés, la loi a, dans son article 2, énuméré un certain nombre de condamnations à la suite desquelles on doit être exclu des listes de jurés (1).

Ce sont :

1° *Les individus condamnés soit à des peines afflictives et infamantes, soit à des peines infamantes seulement.*

Ce premier paragraphe ne peut souffrir aucune difficulté d'application, les peines indiquées entraînant par elles-mêmes la dégradation civique, c'est-à-dire la suppression de tous les droits politiques, civils et de famille. La loi n'eût-elle pas indiqué cette incapacité elle eût été obligatoire en vertu de l'article 1.

---

(1) Extrait du Rapport fait au Corps législatif à propos de l'art. 2 de la loi de 1853 qui est devenue, avec certaines modifications, l'art. 2 de la loi de 1872. « Le législateur se trouvait là en présence de difficultés plus sérieuses. Fallait-il éloigner du jury quiconque aurait été « condamné pour un délit correctionnel quel qu'il fût ? La sévérité « serait excessive et souvent peu en harmonie soit avec les circonstances soit avec la nature même du fait. Fallait-il, au contraire, par « courir toute la série des lois générales et spéciales pour distinguer « entre les faits atteints par la loi pénale ?..... »

« Les omissions seraient presque inévitables..... On a jugé plus « sage de suivre un autre système. Parmi les délits il en est qui sont « plus ordinaires....., qui annoncent aux yeux de tous une véritable « dégradation du sens moral, tels sont le vol, l'escroquerie, l'abus « de confiance, l'attentat aux mœurs. Quiconque a été condamné à « l'emprisonnement, quelle que soit sa durée, pour ces faits là ou « pour les autres que prévoit le § 5 est incapable d'être juré. Mais la « loi qui se bornerait à exclure cette seule catégorie de délinquants « manquerait évidemment de sagesse et de prévoyance. Aussi le projet « les saisit tous par la même disposition : quel que soit le délit, « une simple condamnation à trois mois de prison suffit pour rendre « incapable de remplir le ministère de juré. »

2° *Ceux qui ont été condamnés à des peines correctionnelles pour faits qualifiés crimes par la loi.*

Quels sont donc les individus qui, poursuivis pour crimes, peuvent néanmoins être condamnés à une peine correctionnelle, et dans quelles circonstances ? Divers causes prévues par la loi peuvent avoir pour conséquence de ne faire punir un crime que de peines correctionnelles ; ce sont : la minorité de 16 ans, la provocation, l'application des circonstances atténuantes.

Sans faire un exposé complet de ces trois théories, quelques mots d'explication semblent néanmoins nécessaires.

I. *Mineur de seize ans.* — Tout mineur de seize ans qui est déclaré avoir agi avec discernement (Art. 67 C. pén.) voit sa peine atténuée. Eût-il été condamné à la peine de mort, à celle des travaux forcés à perpétuité, à la déportation, il subira un emprisonnement de 10 à 20 ans dans une maison de correction. Eût-il encouru la peine des travaux forcés à temps, de la détention, de la réclusion, il sera condamné à être enfermé dans une maison de correction pour un temps égal au tiers au moins, à la moitié au plus pour lequel il aurait pu être condamné à l'une de ces peines. Enfin si le crime commis entraîne le bannissement ou la dégradation civique le mineur ne sera frappé que d'un emprisonnement de un à cinq ans.

II. *Provocation.* — Sans entrer dans les nombreux détails pour savoir quand il y a provocation et quels sont les crimes excusables à la suite de la provocation, nous nous contenterons de rapporter l'article 326 C. pén. indiquant la peine subie. Lorsque le fait d'excuse sera prouvé, s'il s'agit d'un crime emportant la peine de mort ou celle des travaux forcés à perpétuité, ou celle de la déportation, la peine sera réduite à un emprisonnement d'un an à cinq ans ; s'il s'agit de tout autre crime, elle sera réduite à un emprisonnement de six mois à deux ans (1).

III. *Circonstances atténuantes.* — Cette question devant être plus longuement étudiée ailleurs, nous n'indiquerons ici que les deux cas prévus par l'art. 463 C. pén.— Loi du 13 mai 1863 — où le crime n'est puni que de peines correctionnelles. « Si la peine est des travaux forcés à temps (§ 6), la Cour appliquera la peine de la réclusion ou les dispositions de l'art. 401 — relatives aux peines du vol, peines correctionnelles — sans toutefois pouvoir réduire la durée de l'emprisonnement au dessous de deux ans. Si la peine (§ 7) est celle de la reclusion, de la détention, du bannissement, de la dégradation civique, la Cour appliquera les dispositions de l'art. 401, sans toutefois pouvoir réduire la durée de l'emprisonnement au-dessous d'un an.

En résumé, tous les individus qui auront été condam-

---

(1) La provocation n'est une excuse légale que pour le meurtre, les coups et blessures, la castration. Encore faut-il certaines conditions déterminées par la loi, et les faits de provocation auxquels le Code attache ce caractère sont : les coups et violences graves envers les personnes, l'outrage violent à la pudeur, le flagrant délit d'adultère, la violation à l'aide d'escalade ou d'effraction du domicile pendant le jour.

nés pour crimes à des peines correctionnelles en vertu des raisons que nous venons d'énumérer seront privés du droit de faire partie des listes de jurés.

3° *Les militaires condamnés au boulet ou aux travaux publics.*

La loi tient compte ici beaucoup plus de l'infamie attachée à la peine que du fait qui a déterminé cette peine. D'ailleurs il faut ajouter que, depuis la promulgation du Code de justice militaire — 9 juin 1857 —, la peine du boulet est abolie implicitement, n'étant pas mentionnée dans ce Code, et que les dispositions y ayant trait dans la loi de 1872 ne peuvent se référer qu'aux condamnations prononcées avant 1857 et n'ont plus aujourd'hui d'application.

4° *Les condamnés à un emprisonnement pour trois mois au moins, toutefois les condamnations pour délits politiques ou de presse n'entraîneront que les incapacités temporaires dont il est parlé au § 11 du présent article.*

La généralité des termes du paragraphe 4 veut que tout individu condamné à plus de trois mois de prison et pour quelque délit que ce soit soit exclu à tout jamais du droit d'être juré. Décision rigoureuse mais juste ; il convient, pour être juge et pour condamner un de ses concitoyens, que l'on n'ait pas déja soi-même subi une peine de prison.

Toutefois, la loi de 1872 a inscrit une restriction au profit de ceux qui ont subi un emprisonnement correctionnel de plus de trois mois, pour délits politiques ou de presse. Le législateur a jugé qu'une semblable condamnation pouvait bien ne pas supposer une perversité suffisante pour priver un citoyen d'un droit semblable. Il s'est donc contenté de lui enlever la jouissance de ce droit pendant une durée de cinq ans, à compter de l'expiration de sa peine.

5° *Les condamnés à l'amende et à l'emprisonnement, quelle qu'en soit la durée, pour...* ce paragraphe 5 se divise en réalité en deux parties ; dans une première, la loi énumère toute la série des délits entraînant l'incapacité d'être juré, quelle que soit la peine prononcée, amende ou emprisonnement ; dans la seconde, les délits qui entraînent la même incapacité, mais dans le cas seulement où il y a eu une condamnation à l'emprisonnement. Nous suivrons cette division.

M — DÉLITS ENTRAINANT L'IMPOSSIBILITÉ D'ÊTRE JURÉ, QUELLES QUE SOIENT LES PEINES PRONONCÉES.

Les condamnés à l'amende ou à l'emprisonnement, quelle qu'en soit la durée pour vol, escroquerie, abus de confiance, soustraction commise par des dépositaires publics, attentat aux mœurs prévus par l'art. 330 *et* 334 *C. pén., délit d'usure.*

Dans tous ces cas, la peine, si faible soit-elle, doit entraîner l'incapacité d'être juré. Donc, en admettant même que, par l'application des circonstances atténuantes, la pénalité soit portée à son minimum, il n'en restera pas moins vrai que le condamné perdra son droit d'être juré.

Ces délits ayant été déjà énumérés dans l'étude du décret de 1852 sur les élections (1) et, de plus, ne présen-

(1) Voir page 19.

tant pas de difficultés pratiques d'application, nous n'y insisterons pas. Il nous suffira de dire un mot des articles 330 et 334 C. pén.

L'art. 330 a trait à l'outrage public à la pudeur dont les pénalités sont portées à un emprisonnement de trois mois à deux ans et à une amende de 16 à 200 fr.

L'art. 334 punit l'individu qui a favorisé, excité ou facilité habituellement la débauche ou la corruption de la jeunesse de l'un ou de l'autre sexe au-dessous de 21 ans.

B. — Délits entrainant l'impossibilité d'être juré, s'il y a eu condamnation a l'emprisonnement.

Les condamnés à l'emprisonnement pour outrages à la morale publique et religieuse, attaque contre le principe de la propriété et les droits de famille, délits contre les mœurs par l'un des moyens énoncés dans l'article 1 *de la loi du* 17 *mai* 1819, *pour vagabondage ou mendicité, pour infraction aux dispositions des articles* 60, 63, 65 *de la loi sur le recrutement de l'armée et aux dispositions de l'art.* 423 *C. pén.*, *de l'art.* 1 *de la loi du* 27 *mars* 1851 *et art.* 1, *de la loi des* 5-9 *mai* 1855, *pour les délits prévus par les articles* 134, 142, 143, 174, 251, 305, 345, 360, 362, 363, 364 § 2, 365, 387, 389, 399 § 2, 400 § 2, 418, *C. pén.*

Reprenons, pour les compléter, certaines dispositions ci-dessus énoncées.

a) Délits pour outrage à la morale publique et religieuse, commis par un des moyens prévus par l'article 1er de la loi du 17 mai 1819.

La loi du 20 juillet 1881, sur la presse, a abrogé,

dans son article 68, la loi du 17 mai 1819, mais elle a reproduit, dans ses articles 23 et 28, les dispositions de l'article 1 de la loi de 1819 (1).

Y a-t-il lieu d'étendre l'incapacité d'être juré aux faits prévus par l'art. 28, § 2 de la loi de 1881 ? Les mêmes peines seront-elles applicables à la mise en vente, à la distribution ou à l'exposition des dessins, gravures, peintures, emblèmes ou images obscènes ? Oui, pensons-nous; les faits prévus par l'art. 28 rentrent dans la catégorie de ceux prévus par l'article 23 ; il s'agit, dans l'un et l'autre cas, de la mise en vente, de l'exposition, de la distribution d'écrits ou d'imprimés. Si l'art. 28 a repris l'énumération de l'art. 23, c'est seulement pour être plus explicite et plus clair.

b). Délits pour infractions aux dispositions des articles 60, 63, 65 de la loi sur le recrutement de l'armée.

Les articles 60, 63, 65 de la loi du 27 juillet 1872 ont été remplacés par les articles 69, 70, 72 de la loi du 15

---

(1) ARTICLE 2-3°.— Sont punis comme complices d'une action qualifiée crime ou délit ceux qui, soit par des discours, cris ou menaces proférés dans les lieux et réunions publics, soit par des écrits, des imprimés vendus ou distribués, mis en vente ou exposés dans les lieux et réunions publics, soit par des placards ou affiches exposés aux regards du public, auront directement provoqué l'auteur ou les auteurs à commettre la dite action, si la provocation a été suivie d'effet. Cette disposition sera également applicable, lorsque la provocation n'aura été suivie que d'une tentative de crime prévu par l'art. 3 du C. pén.

ARTICLE 28. — L'outrage aux bonnes mœurs commis par l'un des moyens énoncés en l'art. 23 sera puni d'un emprisonnement d'un mois à deux ans et d'une amende de 16 à 2.000 fr. Les mêmes peines seront applicables à la mise en vente, à la distribution ou à l'exposition de dessins, gravures, peintures, emblèmes ou images obscènes.

juillet 1889 sur le recrutement de l'armée : les dispositions sont restées les mêmes (1).

Article 69. — Toutes fraudes ou manœuvres par suite desquelles un jeune homme a été omis sur les tableaux de recensement sont déférées aux tribunaux ordinaires et punies d'un emprisonnement d'un mois à un an. Sont déférés aux mêmes tribunaux et punis des mêmes peines : 1° Les jeunes gens appelés qui, par suite d'un concert frauduleux, se sont abstenus de comparaître devant le conseil de révision: 2° Les jeunes gens qui, à l'aide de fraudes ou manœuvres, se font exempter et dispenser par un conseil de révision sans préjudice des peines plus graves en cas de faux. — Les auteurs ou complices sont punis des mêmes peines.

Article 70. — Tout homme prévenu de s'être rendu impropre au service militaire soit temporairement, soit d'une manière permanente dans le but de se soustraire aux obligations imposées par la présente loi, est déféré aux tribunaux, soit sur la demande des conseils de révision, soit d'office. S'il est reconnu coupable, il est puni d'un emprisonnement d'un mois à un an. Sont également déférés aux tribunaux et punis de la même peine les jeunes gens qui, dans l'intervalle de la clôture de la liste cantonnale à leur mise en activité, se sont rendus coupables du même délit.... La peine prononcée au présent article est applicable au complice....

---

(1) Empêchent également d'être juré les délits semblables, prévus par les articles 69, 70 et 72 de la loi du 24 décembre 1896 sur l'inscription maritime.

Article 72. — Tout fonctionnaire ou officier public civil ou militaire qui, sous quelque prétexte que ce soit, a autorisé ou admis des exclusions, des exemptions ou dispenses autres que celles déterminées par la présente loi, ou qui aura donné arbitrairement une extension quelconque soit à la durée, soit aux règles et conditions des appels, des engagements ou des rengagements, sera coupable d'abus d'autorité et puni des peines portées à l'article 185 C. pén., sans préjudice des autres peines portées par ce Code dans les autres cas prévus.

Tout individu, donc, condamné pour l'un des délits prévus aux articles 69, 70, 72 de la loi de 1889 sera privé du droit d'être juré. Mais il ne faut pas étendre cette incapacité au-delà des articles indiqués et, si la loi de 1889 a créé de nouveaux délits et de nouvelles peines, c'est au législateur à fixer si ceux qui ont été condamnés doivent être privés de leurs droits civiques et non pas à l'interprète de créer des incapacités sans texte.

c). Délits prévus par l'article 423 C. pén. — Loi du 13 mai 1863. — Il s'agit du vendeur qui a été condamné à l'emprisonnement pour avoir trompé son acheteur sur la nature de la marchandise vendue ou sur la quantité des choses vendues, ou en employant de faux poids et de fausses mesures.

d). Délits prévus par l'article 1 de la loi du 27 mars 1851 et l'article 2 de la loi des 5-9 mai 1855.

Ces deux lois tendent à réprimer les fraudes dans la vente des marchandises (1). Elles appliquent les pénalités de l'article 423 à ceux qui falsifient les substances

(1) Voir page 29.

ou denrées alimentaires ou médicamenteuses destinées à être vendues ainsi qu'à ceux qui mettent en vente des denrées alimentaires ou médicamenteuses qui auront été falsifiées. Tous ces individus sont passibles de l'emprisonnement et, comme conséquence de cette condamnation, perdent le droit d'être jurés.

Une question peut se poser ici au sujet de l'application d'une loi récente : la loi du 24 juillet 1894, relative aux fraudes commises dans la vente des vins. Cette loi a pour but de compléter celle de 1855 et d'édicter les mêmes pénalités que celle de 1851 (Art. 423 C. pén.) contre ceux qui ont additionné leurs vins d'eau et d'alcool, l'acheteur en aurait-il eu connaissance. Les individus condamnés à l'emprisonnement en vertu de cette nouvelle loi seront-ils privés, par le fait même, du droit d'être jurés? Nous le pensons; la loi de 1894 ayant dit « les pénalités de l'article 423 seront applicables », les conséquences attachées à ces pénalités doivent être aussi applicables.

e). Délits prévus par les articles 134, 142, 143, 174, 251, 305, 345, 362, 363, 364 § 3, 365, 366, 387, 389, 399 § 2, 400 § 2, 418 C. pén. (2).

---

(2) ARTICLE 134. — Coloration de monnaies françaises et étrangères pour tromper sur la nature du métal. Emission ou introduction de monnaies étrangères en France. Participation aux mêmes faits.

ARTICLE 142. — Contrefaçon des marques qui doivent être apposées au nom du gouvernement sur les marchandises. Usage de ces marques. Contrefaçon ou usage de marques et sceaux des autorités. Contrefaçon et usage des timbres-poste.

ARTICLE 143. — Usage de vrais sceaux, dans le but d'en faire un usage préjudiciable aux droits et intérêts de l'Etat ou d'une autorité quelconque.

ARTICLE 174. — Fonctionnaires qui se sont rendus coupables du

6° (1). — 7° *Les notaires, greffiers et officiers ministériels destitués.*

Nous étudierons plus loin la destitution des notaires,

---

crime de concussion en percevant ou en faisant percevoir des taxes indues, ou plus élevées que celles qui étaient dues.

Article 251. — Bris de scellés apposés sur les papiers et effets appartenant à un individu prévenu d'un crime emportant la peine de mort, travaux forcés à perpétuité, déportation.

Article 305. — Menaces par écrit, d'assassinat, d'empoisonnement ou de tout attentat contre les personnes, qui est punissable de la peine de mort, des travaux forcés à perpétuité, de la déportation.

Article 345. — Enlèvement, recel, suppression d'enfant, substitution d'un enfant à un autre, supposition d'un enfant à une femme qui n'est pas accouchée.

Article 362. — Faux témoignage en matière correctionnelle ou de simple police.

Article 363. — Faux témoignage en matière civile.

Article 364, § 3. — Faux témoin en matière de simple police qui a reçu de l'argent, une récompense ou des promesses.

Article 365. — Subornation de témoins.

Article 366. — Faux serment en matière civile.

Article 387. — Altération des vins ou de toutes autres espèces de liquides ou marchandises faite par les voituriers, bateliers ou leurs préposés.

Article 389. — Enlèvement des bornes servant de séparation aux propriétés, dans le but de commettre un vol.

Article 399, § 2. — Contrefaçon et altération des clefs par un serrurier de profession.

Article 400, § 2. — Extorsion à l'aide de menace écrite ou verbale de révélations ou d'imputations diffamatoires, soit de la remise de fonds ou valeurs, soit la signature ou remise des écrits énumérés (acte, titre, pièce quelconque contenant ou opérant obligation, disposition ou décharge).

Article 418. — Communication à des étrangers ou à des Français résidant en pays étrangers, des secrets de fabrique faite par un directeur, commis ou ouvrier de fabrique.

(1) Les paragraphes 6 et 10 de la loi de 1872 excluent des listes de jurés certains individus qui, s'ils ne sont pas encore condamnés, ont contre eux de graves présomptions.

Le paragraphe 6 parle de ceux qui sont en état de contumace ou

greffiers et officiers ministériels. Indiquons seulement ici que les officiers ministériels destitués à la suite d'une condamnation pénale, fût-ce même une simple contravention, sont déchus de leurs droits d'être jurés. Sans doute les termes de la loi sont plus généraux et permettent une extension plus grande et de dire que tout officier ministériel destitué, indépendamment même d'une condamnation pénale, est déchu du droit d'être juré.

8°....-9° *Ceux auxquels les fonctions de juré ont été interdites en vertu de l'art. 396 C. I. C. ou de l'art. 42 C. pén.*

L'article 396 C. I. C. décide que le juré qui, à la troisième citation d'avoir à se rendre à son poste, ne s'y sera pas rendu, sera déclaré à l'avenir incapable d'être juré et, en outre, condamné à 1,500 francs d'amende par la Cour d'assises.

10°.. ..-11°. *Sont incapables pour cinq ans seulement à dater de l'expiration de leur peine, les condamnés à un emprisonnement de moins de trois mois pour quelque délit que ce soit, même pour les délits politiques et de presse.*

---

d'accusation. La justice estime que les uns et les autres sont coupables de crimes. De plus l'un n'a pu être saisi, on ignore où il est, l'autre est en état d'arrestation.

Le paragraphe 10 décide que ne doivent pas être inscrits sur les listes des jurés ceux qui sont sous mandat d'arrêt ou de dépôt. Ici encore la présomption de culpabilité est assez grande pour exclure ces individus des listes des jurés.

Quant au paragraphe 8, il a trait au commerçant failli ; il ne s'agit donc pas d'une condamnation ou d'une présomption de condamnation.

Ce paragraphe est de beaucoup le plus compréhensif de tous, puisqu'il s'applique à tous les délits prévus par le Code pénal ou par des lois spéciales, mais à la différence des autres paragraphes, ce n'est plus une incapacité perpétuelle qu'il prononce, mais seulement une suspension temporaire pour une durée de cinq ans.

On ne peut prétendre énumérer ici tous les délits prévus par des lois postérieures au Code pénal et dont la pénalité peut être supérieure à trois mois de prison ; ce serait se perdre dans un dédale sans fin : Le principe est assez simple pour que l'application n'en souffre aucune difficulté.

A toutes ces incapacités, il faut ajouter celle édictée par la loi du 23 janvier 1873 sur l'ivresse publique. Art. 3 : « *Toute personne qui aura été condamnée deux fois en police correctionnelle pour délit d'ivresse manifeste sera déclarée, par le second jugement, incapable d'être appelée aux fanctions de juré.* » Cette incapacité est perpétuelle.

Nombreux sont les cas de déchéance, et en cette matière tout étant de droit étroit on ne peut étendre ces déchéances à des cas non prévus par la loi. C'est par application de ce principe qu'il a été jugé que le fait d'entretenir une concubine dans la maison conjugale n'étant pas un délit prévu par la loi de 1872, ne pouvait entraîner l'incapacité d'être juré.

Si la loi a estimé que l'incapacité d'être juré constituait une pénalité accessoire à la peine principale, le public n'a pas toujours pensé de même ; il faut bien le reconnaître, c'est ici, comme dans la loi sur le recrutement de l'armée, l'effet contraire qui se produit. Si quelques citoyens attachent de l'importance à la fonction de juré, combien d'autres estiment que de ne jamais siéger à la Cour d'assises est, disons le mot, une corvée d'évitée.

Les conditions pour être assesseur dans les colonies sont les mêmes que pour être juré en France. Les causes d'incapacité prévues dans les décrets sont celles prévues dans la loi de 1872 sur le jury (1).

SECTION V

Du droit de faire partie du Conseil municipal.

Fallait-il considérer l'élection à un Conseil municipal comme une élection politique et, à ce titre, voir dans la privation du droit d'être électeur ou éligible, — conséquence de certaines condamnations, — comme la perte d'un droit politique ? Nous ne l'avons pas pensé : le rôle de conseiller municipal ne constituant pas une participation à la puissance publique.

A quelles conditions peut-on être électeur et éligible aux Conseils municipaux ?

---

(1) Voir décret 16 déc. 1896 portant réorganisation du service de la justice dans la Guyane française. Art. 24.

I. — *Electorat.* — La loi du 15 avril 1884, dans son article 11, dit : « Sont électeurs tous les Français âgés de 21 ans et n'étant dans aucun cas d'incapacité prévus par la loi. » Quels sont donc ces cas d'incapacité ? La loi de 1884 étant muette à ce sujet, il faut pour les connaître se reporter au décret du 15 février 1852, qui énumère toutes les condamnations entraînant la non inscription ou la radiation des listes électorales. Nous nous contenterons de renvoyer à ce que nous avons dit à ce sujet dans le chapitre Ier.

II. — *Eligibilité.* — L'article 32 de la loi de 1884 décide : « *Ne peuvent être conseillers municipaux : 1° les individus privés du droit électoral*; 2°...

En d'autres termes c'est dire : qui n'est pas électeur, n'est pas éligible. Théorie identiquement semblable à celle admise pour l'élection à la Chambre des députés. Si l'on connaît les individus qui ont été privés, à la suite de condamnations pénales, de leur droit d'être électeurs, on connaît, par le fait même, ceux qui sont privés du droit d'être éligibles.

L'article 36 ajoute : « *Le conseiller municipal qui,* « *pour une cause survenue postérieurement à sa nomi-* « *nation, se trouve dans un des cas d'exclusion ou* « *d'incompatibilité prévus par la présente loi, est immé-* « *diatement déclaré démissionnaire par le préfet...* » Décision des plus rationnelles. Il est inadmissible, en effet, qu'un individu incapable d'être élu, s'il eût été dans sa situation actuelle, puisse rester conseiller municipal.

SECTION VI

Du droit de faire partie d'un Tribunal de Commerce.

Pour être électeur au tribunal de commerce, de même que pour y être éligible, la première des conditions est d'être commerçant. Sans entrer dans des détails sur ce sujet, est-ce que tout citoyen, par cela seul qu'il est commerçant, peut être électeur; n'y a-t-il pas des causes de déchéance ou d'incapacité ?

La loi du 8 décembre 1883, réglant cette matière, indique une série de condamnations privant les commerçants du droit d'être électeurs, partant, éligibles (1). Les voici dans l'ordre même de la loi.

ARTICLE 2. — Ne pourront participer à l'élection :

1° *Les individus condamnés soit à des peines afflictives et infamantes, soit à des peines correctionnelles pour faits qualifiés crimes par la loi.*

Ce que nous avons dit à ce sujet, soit à propos des élections législatives (2) soit à propos des fonctions de juré (3), nous dispense d'y revenir.

Toutefois, il est à remarquer que la loi de 1883 ne parle pas, comme l'avait fait le décret de 1852 et la loi de 1872, des peines simplement infamantes. Est-ce un

---

(1) ART. 8. — Sont éligibles aux fonctions de président, de juge, de juge suppléant, tous les électeurs inscrits sur la liste électorale, âgés de 30 ans.

(2) Voir chapitre I, p. 12.

(3) Voir chapitre II, p. 66.

oubli ou bien, au contraire, n'a-t-on pas voulu ne pas exclure de l'élection les condamnés au bannissement et à la dégradation civique? Nous le pensons et nous croyons que les individus condamnés à une peine simplement infamante ne sont pas privés de leurs droits de vote et d'élection aux Tribunaux de commerce.

2° *Ceux qui ont été condamnés pour vol, escroquerie, abus de confiance, soustractions commises par les dépositaires de deniers publics, attentats aux mœurs.*

Pour tous ces délits, la loi étant muette sur la peine prononcée, il faut en conclure que l'incapacité existera quelle que soit cette peine, emprisonnement ou amende, et quelle qu'en soit la quotité. Est-ce bien à l'intention du législateur et a-t-il prévu, en rédigeant la loi, les conséquences que l'on pourrait en tirer? Nous ne savons, mais, devant la généralité des termes, le doute est impossible.

3° *Ceux qui ont été condamnés à l'emprisonnement pour délit d'usure, pour infraction aux lois sur les maisons de jeu, sur les loteries et les maisons de prêt sur gage, ou par application de l'article* 1 *de la loi du* 27 *mars* 1851, *de l'article* 1 *de la loi du* 5 *mai* 1855, *des articles* 7 *et* 8 *de la loi du* 23 *juin* 1857 *et de l'article* 1 *de la loi du* 27 *juillet* 1867.

Les dispositions indiquées dans le 3° nous sont déjà, pour la plupart, connues (1), il nous reste seulement à dire quelques mots des lois de 1857 et de 1867.

---

(1) Voir chapitre I, page 26-29.

La loi du 23 juin 1857 sur les marques de fabrique et de commerce édicte certaines pénalités contre ceux : 1° Qui ont contrefait une marque, ou fait usage d'une marque contrefaite ; 2° Qui ont frauduleusement apposé sur leurs produits ou les objets de leur commerce une marque appartenant à autrui ; 3° Qui ont sciemment vendu ou mis en vente un ou plusieurs produits revêtus d'une marque contrefaite ou frauduleusement apposée — Article 7.

De même contre ceux : 1° Qui, sans contrefaire une marque, en ont fait une imitation frauduleuse de nature à tromper l'acheteur, ou ont fait usage d'une marque frauduleusement imitée; 2° Qui ont fait usage d'une marque portant des indications propres à tromper l'acheteur sur la nature du produit ; 3° Qui ont sciemment vendu ou mis en vente un ou plusieurs produits revêtus d'une marque frauduleusement imitée ou portant des indications propres à tromper l'acheteur sur la nature du produit. — Article 8.

La loi de 1883, ainsi que nous venons de le voir, décide, dans son article 2, § 3 : « Ne pourront être électeurs ceux qui ont été condamnés à l'emprisonnement pour violation des articles 7 et 8 de la loi du 23 juin 1857 sur les marques de fabrique. » Or, l'article 13 de cette même loi dit que les délinquants, c'est-à-dire tous ceux qui ont été condamnés pour une des infractions prévues par cette loi, et quelle que soit la peine prononcée, peuvent être déchus du droit de participer à l'élection des membres des Tribunaux de commerce, et ce pendant une durée de dix ans au plus.

Ces deux hypothèses ne se confondent pas.

En effet, l'art 2, § 3 de la loi de 1883 prive pour toujours ou du moins jusqu'à la réhabilitation, ceux qui ont été condamnés en vertu des articles 7 et 8 de la loi de 1857, mais encore faut-il que la condamnation soit à l'emprisonnement. Au contraire, l'article 13 de la loi de 1857 est beaucoup plus compréhensif puisqu'il s'applique à tous les délits et quelle que soit la peine, mais alors il faut que les tribunaux prononcent la déchéance et cette déchéance ne peut être encourue pour une durée de plus de dix ans.

La loi du 27 juillet 1867, abrogée et remplacée par celle du 4 février 1888, décide, dans son article 1er, que : peuvent être punis d'un emprisonnement de six jours à un mois ceux qui, en vendant ou en mettant en vente des engrais ou amendements, auront trompé ou tenté de tromper l'acheteur, soit sur leur nature, leur composition ou le dosage des éléments utiles qu'ils contiennent, soit sur leur provenance, soit par l'emploi, pour les désigner ou qualifier, d'un nom qui, d'après l'usage, s'applique à d'autres matières fertilisantes.

4° *Ceux qui ont été condamnés à l'emprisonnement par application des lois du* 17 *juillet* 1857, *du 23 mai* 1863 *et du 27 juillet* 1867 *sur les sociétés.*

C'est la loi du 27 juillet 1867 qui régit actuellement la législation des sociétés ; elle énumère certains faits entraînant pour leurs auteurs les peines énoncées dans l'art. 475 C. pén., c'est-à-dire l'emprisonnement, l'amende et même des peines plus graves s'il y a crime.

L'article 15 décide : Seront punis des peines portées à l'art. 405 C. pén. sans préjudice de l'application de cet article à tous les faits constitutifs du délit d'escroquerie — ce qui est la sphère d'application de l'art. 405 — :

a) Ceux qui, par simulation de souscriptions ou de versements ou par publication, faite de mauvaise foi, de souscriptions ou de versements qui n'existent pas, ou de tous autres faux, ont obtenu ou tenté d'obtenir des souscriptions ou des versements.

b) Ceux qui, pour provoquer des souscriptions ou des versements ont, de mauvaise foi, publié les noms de personnes désignées contrairement à la vérité, comme étant ou devant être attachées à la société à un titre quelconque.

c) Les gérants qui, en l'absence d'inventaire ou au moyen d'inventaires frauduleux, ont opéré entre les actionnaires la répartition de dividendes fictifs.

Ce que la loi dit dans son article 15 des sociétés en commandite par actions est applicable aux sociétés anonymes, comme l'indique l'art. 45 : « Les dispositions des articles 13, 14, 15, 16 de la présente loi sont applicables en matière de sociétés anonymes. »

Tout commerçant condamné pour un des délits prévus par l'un de ces textes ne pourra donc plus être électeur ni éligible au Tribunal de commerce.

5° *Les individus condamnés pour les délits prévus aux articles* 400, 413, 414, 417, 418, 419, 420, 421, 423, 433, 439, 443 *C. pén., et aux articles* 594, 596, 597 *C. com.* (1).

---

(1) Art. 400 C. pén. — Extorsion par force, violence ou contrainte de la signature ou de la remise d'un écrit, d'un acte, d'une pièce quel-

6° *Ceux qui ont étè condamnés à un emprisonnement de six jours au moins ou à une amende de plus de* 1.000 *fr, pour infraction aux lois sur les douanes, les octrois et les contributions indirectes et à l'article* 5

---

conque contenant ou opérant une obligation, disposition ou décharge. Voir le paragraphe 2 de l'article 400, page 75.

ART. 413 C. pén. — Violation des règlements d'administration publique relatifs au produit des manufactures françaises qui s'exportent à l'étranger et qui ont pour objet de garantir la bonne qualité, les dimensions et la nature de la fabrication.

ART. 414 C. pén. — Voir page 91.

ART. 417 C. pén. — Fait d'avoir fait passer en pays étranger les directeurs, commis ou ouvriers d'un établissement dans la vue de nuire à l'industrie française.

ART. 418 C. pén. — Voir page 75.

ART. 419 C. pén. — Hausse ou baisse des marchandises et des effets publics obtenues à l'aide de faits faux ou par coalition entre les vendeurs et autres moyens.

ART. 420 C pén. — Délits prévus à l'article précédent quand il s'agit de la hausse ou de la baisse faite sur les grains, farines, pain, vin et autres boissons.

ART. 421 C. pén. — Paris faits sur la hausse et la baisse des effets publics.

ART. 423 C. pén. — Tromperie sur la quantité des choses vendues par faux poids ou fausses mesures.

ART. 433 C. pén. — Retard dans les livraisons ou les travaux, ou fraudes sur la nature, la qualité, la quantité des mêmes travaux faits par les fournisseurs des armées de terre ou de mer.

ART. 439 C. pén. — Destruction des minutes ou originaux de l'autorité publique, des titres, billets, lettres de change, effets de commerce ou de banque.

ART. 443 C. pén. — Détérioration de marchandises, matières ou instruments servant à la fabrication.

ART. 594 C. de com. — Divertissement ou recel par le conjoint, les ascendants ou descendants, d'effets appartenant au failli.

ART. 596. C. de Com. — Malversation du syndic de faillite.

ART. 597. C. de Com. — Stipulation faite par un créancier avec le

de la loi du 4 juin 1859 sur le transport par la poste des valeurs déclarées.

Il n'y a rien de particulier à signaler sur ces délits; par le fait même qu'un commerçant a été condamné dans les limites fixées, il est déchu du droit d'être électeur et éligible au Tribunal de commerce.

L'article 5 de la loi du 4 juin 1859 décide que le fait d'une déclaration frauduleuse de valeurs supérieures à la valeur réellement insérée dans une lettre est puni d'un emprisonnement d'un mois au moins, d'un an au plus.

7° *Les notaires, greffiers et officiers ministériels destitués en vertu de décisions judiciaires* (1).

8°. . . . . 9° *Et généralement tous les individus privés du droit de vote dans les élections.*

D'après cette dernière disposition, il faut, pour connaître exactement tous les individus privés du droit de vote et d'élection aux Tribunaux de commerce par suite d'une condamnation, se référer à l'énumération générale du décret de 1852, en y ajoutant les dispositions spéciales de certaines lois postérieures et, en particulier, les incapacités prévues par la loi de 1883 que nous venons d'étudier.

En terminant, il faut remarquer qu'une des condamnations énumérées ci-dessus, encourue par un individu avant qu'il ne soit commerçant, aurait certainement

---

failli ou autres personnes pour obtenir des avantages à raison de son vote.

(1) Voir page 24.

pour conséquence de l'empêcher d'être électeur et éligible au Tribunal de commerce, si, plus tard, il devenait commerçant (1).

SECTION VII

Du droit de faire partie d'un Conseil de prud'hommes.

L'article 6 de la loi du 1er juin 1853 sur les Conseils de prud'hommes dit : « *Ne peuvent être éligibles ni électeurs les étrangers ni aucun des individus désignés dans l'article* 15 *de la loi du* 2 *février* 1852. » Pour savoir donc si l'individu qui, par ailleurs, remplit les conditions de l'article 4 de la même loi, peut être électeur ou éligible, il n'y a qu'à se référer à ce que nous avons dit au sujet de l'élection à la Chambre des députés. Toutes les condamnations ayant pour effet d'entraîner la non inscription ou la radiation des listes électorales politiques entraîneront aussi la radiation des listes électorales pour le Conseil de prud'hommes.

La loi sur l'élection au Conseil de prud'hommes s'est montrée moins sévère que celle sur l'élection aux Tri-

---

(1) Nous n'avons pas cru utile de parler, dans une section spéciale, de l'élection aux Chambres de commerce et aux Chambres consultatives des arts et manufactures. Les conditions exigées pour être électeur ou éligible, sont les mêmes que pour les Tribunaux de commerce, et les mêmes condamnations entraînent l'exclusion des listes électorales. La loi du 22 janvier 1872, qui règle cette matière, renvoie, pour toutes ces dispositions, au Code de commerce et à la loi de 1871 remplacée par celle de 1883.

bunaux de commerce. La loi de 1883 a, en effet, ajouté aux incapacités prévues par le décret de 1852 toute une série de condamnations qui font perdre à ceux qui les ont subies leur droit à l'électorat et à l'éligibilité.

Toutefois, il est à remarquer que la loi du 23 juin 1857 sur les marques de fabrique décide, dans son article 13, que tous les délinquants punis, et quelle que soit la peine, pour un des faits prévus par cette loi, pourront être privés du droit de participer aux élections des Conseils de prud'hommes pendant une durée qui ne pourra excéder dix ans.

SECTION VIII

Du droit de faire partie des délégués à la sécurité des ouvriers mineurs.

L'article 5 de la loi du 8 juillet 1890 sur les délégués à la sécurité des ouvriers mineurs déclare électeurs dans une circonscription « les ouvriers qui y travaillent au fond à la condition : *d'être Français et de jouir de leurs droits politiques* ». C'est, en somme, un renvoi au décret du 2 février 1852.

L'article 6 indique certaines condamnations empêchant d'être éligible. *Sont éligibles dans une circonscription à la condition de savoir lire et écrire et en outre de n'avoir jamais encouru de condamnation pour infractions soit aux dispositions de la présente loi, soit à la loi du 24 avril* 1810 *et au décret du 3 janvier* 1813, *soit aux articles* 414 *et* 415 *du Code pénal.*

1° *Les électeurs ci-dessus désignés.* — 2°.....

Les condamnations pour infraction aux dispositions

de la présente loi sont celles prévues par les articles 10 et 17 :

Article 10. — Ceux qui, par voies de fait, violences, menaces, dons ou promesses, soit en faisant craindre à un électeur de perdre son emploi, d'être privé de son travail, ou d'exposer à un dommage sa personne, sa famille ou sa fortune, auront influencé le vote, seront punis d'un emprisonnement d'un mois à un an et d'une amende de 100 à 2.000 francs.

Article 17. — Seront poursuivis et punis conformément à la loi du 21 avril 1810, tous ceux qui apporteraient une entrave aux visites et constatations ou contreviendraient aux dispositions de la présente loi.

Les infractions prévues par la loi de 1810 (Art. 93 et 96) et le décret du 3 janvier 1813 (Art. 22 et 31) ont trait soit aux dispositions législatives pour la concession et l'exploitation des mines soit à la police relative à cette exploitation.

Quant aux articles 414 et 415 C. pénal, ils se réfèrent aux individus « qui, à l'aide de violences, voies de « faits, menaces ou manœuvres frauduleuses, auront « amené ou maintenu, tenté d'amener ou de maintenir « une cessation concertée de travail dans le but de faire « la hausse ou la baisse des salaires ou de porter « atteinte au libre exercice de l'industrie et du tra- « vail. »

Tous ceux qui auront été condamnés pour l'un ou l'autre de ces délits ne pourront donc être élus délégués à la sécurité des ouvriers mineurs.

SECTION IX

Droit d'être électeur et éligible au Conseil de la Caisse de secours et de retraite des ouvriers mineurs.

La loi du 29 juin 1894 décide dans son article 11, § 1, que : « *Sont électeurs pour le conseil de la société de secours tous les ouvriers et employés du fond et du jour, Français, jouissant de leurs droits politiques* ». Tous les ouvriers donc qui auront encouru une condamnation ayant pour effet d'empêcher leur inscription sur les listes électorales politiques, ne pourront pas être électeurs pour la société de secours.

La loi ne parlant que des droits politiques, il n'y a pas lieu d'étendre son application aux droits civiques et civils. Cette extension ne cadrerait plus avec le but de la loi et il n'y a pas lieu de se montrer ici plus sévère que pour les élections politiques, la qualité d'électeur devant appartenir au plus grand nombre possible d'ouvriers mineurs.

Le paragraphe 2 de l'article 11 de la même loi déclare éligibles les électeurs, à la condition de n'avoir jamais encouru de condamnation aux termes des dispositions soit de la présente loi, soit de la loi du 21 avril 1810 et du décret du 13 janvier 1813, soit des articles 414 et 415 du Code pénal.

Sont donc exclus, à la suite de condamnations pénales encourues, tous ceux qui sont privés de leurs droits politiques puisque pour être éligible il faut être électeur.

De plus, sont exclus ceux qui ont été condamnés par suite d'une disposition de la loi du 29 juin 1894. Ainsi, à la fin de chaque année le Conseil d'administration doit fixer les sommes à verser à la caisse des dépôts et consignations. Ce versement doit avoir lieu dans le mois sous la responsabilité solidaire de tous les membres et sans préjudice de l'application de l'article 408 C. pén. (1). Tous les membres d'un semblable Conseil qui auraient enfreint cette disposition et qui, en conséquence, auraient été condamnés aux peines de l'article 408 du Code pénal ne pourraient plus désormais être nommés conseillers.

Sont encore exclus les individus qui ont été condamnés par application de la loi du 21 avril 1810 et du décret du 13 janvier 1813 et des articles 414 et 415 du Code pénal (2).

---

(1) L'art. 408 C. pén., placé sous le paragraphe de l'abus de confiance, frappe d'un emprisonnement de deux mois à deux ans quiconque aura détourné ou dissipé au préjudice des propriétaires possesseurs ou détenteurs des effets, denrées, marchandises, billets, quittances, ou tous autres écrits contenant ou opérant obligation ou décharge...

(2) Les infractions prévues par la loi de 1810 (Art. 93 et 96) et le décret du 13 janvier 1813 (Art. 22 et 31) ont trait soit aux dispositions législatives pour la concession et l'exploitation des mines, soit à la police relative à cette exploitation.

Quant aux articles 414 et 415 C. pén., ils se réfèrent aux individus « qui, à l'aide de violences, voies de faits, menaces ou manœuvres frauduleuses, auront amené ou maintenu, tenté d'amené ou de maintenir une cessation concertée de travail dans le but de faire la hausse ou la baisse des salaires ou de porter atteinte au libre exercice de l'industrie et du travail. »

SECTION X

Droit de faire partie de la Commission arbitrale des caisses de secours des ouvriers mineurs.

L'article 26 de la loi du 29 juin 1894 sur les caisses de retraite et de secours des ouvriers mineurs crée une Commission arbitrale pour le cas où il n'y aurait pas entente entre les exploitants et la majorité de leurs employés. Le décret du 25 juillet 1894 portant règlement d'administration publique pour l'exécution des articles 23, 24, 26 et 27 de cette dernière loi décide que, pour faire partie de cette Commission arbitrale, il faudra être Français et jouir de ses droits civils et politiques.

Le même décret impose les mêmes conditions pour le mandataire collectif, c'est-à-dire pour l'ouvrier qui représente devant les tribunaux plusieurs de ses camarades, ouvriers mineurs comme lui.

Ce décret est très explicite dans les termes qu'il emploie; il parle des droits civils et politiques, ce qui comprend évidemment les droits que nous indiquons sous la dénomination de droits civiques.

Donc tous les mineurs qui auront, pour une des nombreuses causes déjà énumérées, subi une condamnation entraînant la privation de leurs droits civils ou politiques, seront dans l'impossibilité de faire partie de la Commission arbitrale ou d'être mandataires collectifs (1).

---

(1) Nous avons jugé inutile de reproduire, fût-ce même brièvement,

SECTION XI

Droit d'être témoin.

Certaines condamnations empêchent ceux qui les ont subies d'être témoins (1). C'est ainsi qu'à l'article 283 du Code de procédure civile, indiquant les causes qui permettent de reprocher un témoin figurent les deux suivantes : d'abord condamnation à une peine afflictive ou infamante (2) et ensuite condamnation à une peine correctionnelle pour vol.

Y aurait-il lieu d'étendre ces dispositions et d'admettre que d'autres condamnations auront pour effet de priver celui qui les aura subies du droit d'être témoin ? La jurisprudence est à peu près unanime pour admettre que l'énumération de l'art. 283 C. P. C. n'est pas limitative et que les juges peuvent admettre d'autres causes de reproches (3). Dans ces conditions, l'escroquerie, l'abus de confiance ou d'autres délits pourront être assimilés au vol quant au résultat qui

---

les différents droits dont la privation peut entraîner l'impossibilité de faire partie de la Commission arbitrale. Il suffit de se reporter à ce que nous avons dit aux chapitres Ier, II.

(1) Nous passons avec intention sous silence les articles 34 et 42 du Code pénal, puisque, dans ces différents cas, la privation du droit d'être témoin est une conséquence et même une peine que le Code pénal à lui même prévue.

(2) Il était inutile de parler de peines afflictives et infamantes puisque toutes entraînent la dégradation civique, et que la privation du droit d'être témoin fait partie de la dégradation civique.

(3) Cass., 3 juillet 1820. — 4 mai 1863. — 17 juin 1873.

nous occupe. Le système de la jurisprudence semble bien permettre cette interprétation et elle ne saurait être critiquée. Pourquoi récuser le témoignage d'un individu condamné pour vol et accepter celui d'un autre, condamné pour escroquerie ou abus de confiance ? Le témoignage du dernier a-t-il plus de chance d'être sincère que le témoignage du premier ?

D'autre part, l'art. 980 C. M. décide que les témoins appelés à être présents aux testaments devront être mâles, majeurs, sujets du roi, jouissant de leurs droits civils. Il s'agit ici, cela est évident, de la jouissance des droits civils proprement dits, c'est-à-dire que l'interdit légalement ou judiciairement ne peut remplir l'office de témoin testamentaire (1).

SECTION XII

Droit d'être trésorier ou receveur d'une fabrique paroissiale d'un conseil presbytéral, d'une communauté consistoriale.

Les décrets du 27 mars 1893 réglant la comptabilité des fabriques, des conseils presbytéraux et des communautés consistoriales indiquent certaines condamnation dont l'effet est de permettre au ministre des Cultes de relever de leurs fonctions les trésoriers ou receveurs particuliers.

(1) Le même Code ne s'est pas montré aussi exigeant pour les témoins des actes de l'état civil : il suffit qu'ils soient Français.

L'art. 7 (1) les énumère ; ce sont :

1° *Une condamnation à une peine afflictive et infamante.*

2° *Une condamnation à une peine correctionnelle pour délits prévus par les articles* 379 *à* 408 *C. pén.*

3° *Une condamnation à une peine correctionnelle d'emprisonnement.*

4° *Enfin, s'il s'agit d'officiers ministériels ou publics, destitution par jugement ou révocation par mesure disciplinaire.*

Dans tous ces cas, le ministre des Cultes pourra prononcer la révocation du trésorier ou du receveur; jusqu'alors il peut rester en fonctions et les conseils de fabrique ne pourraient pas, pensons-nous, agir directement et révoquer le comptable condamné. Cette solution résulte bien des expressions même de l'article 7 (17 ou 16) qui décide que si un trésorier ou un receveur spécial est régulièrement constitué en déficit, déclaré en état de faillite ou de liquidation judiciaire, le conseil peut le relever de ses fonctions et, à son défaut, le ministre des Cultes.

Suit alors la disposition qui nous occupe, où il n'est question que du ministre comme ayant le pouvoir de relever de ses fonctions le trésorier ou le receveur ayant subi une des condamnations indiquées. Il n'est nullement parlé du conseil de fabrique, il faut donc en

(1) L'article 7 pour les conseils de fabrique est l'art. 17 pour les conseils presbytéraux et l'art. 16 pour les communautés consistoriales.

conclure que ce dernier est sans pouvoir dans les quatre hypothèses prévues par le texte. Décision évidemment critiquable ; personne, en effet, n'était mieux placé que le conseil de fabrique pour connaître les condamnations encourues par le trésorier ou le receveur, et pour le révoquer en conséquence.

Cette critique n'est pas la seule que l'on puisse faire à ce décret, et ce uniquement au point de vue que nous traitons. En effet, le ministre des Cultes n'est nullement obligé de relever le comptable condamné de ses fonctions. « Ils peuvent » dit le texte de la loi, et non pas ils doivent être relevés de leurs fonctions. Toute liberté est donc laissée à l'autorité compétente et contre ses décisions il n'y a point de recours. De plus, comme le ministre peut bien n'avoir pas connaissance des condamnations encourues par les comptables, les intéressés — le conseil de fabrique — devront se plaindre officieusement et réclamer la révocation du trésorier ou du receveur.

Toutes ces décisions sont regrettables puisqu'elles conduisent à l'arbitraire le plus absolu. Ne pourrait-on pas voir ce fâcheux résultat se produire deux comptables de fabrique, de conseils presbytéraux, de communautés israélites ont été condamnés l'un et l'autre à une peine d'emprisonnement de même durée. L'un comme l'autre pouvait être relevé de ses fonctions ; contre l'un le ministre a sévi, alors que l'autre n'a pas été inquiété. Et où n'ira-t-on pas dans cet ordre d'idée si la politique vient s'y mêler ? Mieux vaut, et de beaucoup, l'absolue rigidité de l'arbitraire législatif que la souplesse souvent trop intéressée de l'arbitraire administratif.

Ceci dit, reprenons, pour les étudier plus en détail, les différentes hypothèses où la révocation peut être prononcée.

1° *Condamnation à une peine afflictive et infamante.* Qu'une condamnation à une peine semblable entraîne la révocation du coupable, rien de mieux. Les individus qui remplissent de semblables fonctions doivent au moins jouir de leurs droits de citoyens français. Dans ce cas, il nous semble que le trésorier ou le receveur n'auraient pas dû être révoqués facultativement, pas même obligatoirement, mais bien de plein droit par le fait même de la condamnation. Et ne se trouve-t-il pas dans une impossibilité de fait absolue d'exercer ses fonctions ?

2° *Condamnation à une peine correctionnelle pour délits prévus par les articles 379 à 408, C. pén.*

Il s'agit des condamnations pour vols, escroquerie, banqueroute ou abus de confiance. Cette décision est, certes, toute justifiée ; il est à craindre que celui qui a été condamné pour faits semblables ne soit pas le comptable intègre auquel on peut confier en toute sécurité les deniers d'une fabrique. D'ailleurs, qu'on le remarque bien, toute condamnation, même à l'amende, entraîne cette conséquence. Le § 2 ne distingue pas ; il parle simplement d'une condamnation correctionnelle, alors que le § 3 parle d'une condamnation correctionnelle à l'emprisonnement. La loi s'est donc montrée plus sévère pour ce genre de délit que pour tout autre.

3° *Condamnation à une peine correctionnelle d'emprisonnement.*

Toute condamnation correctionnelle à une peine d'emprisonnement a pour résultat de permettre au ministre des Cultes de relever de ses fonctions le trésorier qui a été condamné. Si les deux premiers cas de révocation s'expliquaient naturellement, celui-ci, dans sa très grande généralité, semble exagéré. Comment assimiler au voleur l'individu qui, dans un mouvement de colère et d'emportement, a insulté un agent de la force publique et s'est vu, malgré ses bons antécédents, condamner à six jours de prison? Il est coupable, sans aucun doute, mais non pas au point de se voir flétrir semblablement. D'ailleurs le tribunal a pu lui faire application de la loi de 1891 sur l'atténuation et l'aggravation des peines; malgré cela, le ministre des Cultes peut le relever de ses fonctions, les conséquences d'une condamnation subsistant malgré la non exécution de la peine.

C'est alors, dira-t-on, que le ministre des Cultes usera de la faculté qui lui est accordée par la loi de révoquer ou de maintenir. Soit, nous voudrions le croire et croire surtout que la justice et l'égalité sont les régulateurs suprêmes des actes de nos gouvernants.

Mieux eût valu élever le quantum de la pénalité, déterminer exactement les cas où la révocation aurait lieu et décider non pas qu'elle serait laissée à la volonté du ministre, mais obligatoire.

4° *Les officiers ministériels ou publics destitués ou révoqués.*

La révocation et la destitution supposent en principe une faute assez grave, qui justifie à bon droit la mesure que peut prendre le ministre contre l'officier ministériel ou public comptable d'une fabrique. Et, pourtant, il peut arriver que la révocation ou la destitution soit le résultat d'une faute professionnelle n'entachant en rien l'honorabilité de l'individu.

Peut-être ici y aurait-il eu lieu de distinguer entre la révocation et la destitution provenant d'une faute professionnelle et celle provenant d'une condamnation pénale; dans ce dernier cas, l'officier ministériel ou public aurait dû être relevé de plein droit de ses fonctions de trésorier.

SECTION XIII

Du droit d'être administrateur ou directeur d'un syndicat professionnel.

La loi du 21 mars 1884 sur les syndicats professionnels décide, dans son article 4, dernier alinéa : « *que les membres de tous les syndicats professionnels chargés de l'administration ou de la direction d'un syndicat devront être Français et jouir de leurs droits civils.* »

Ici se présente la question de savoir ce qu'il faut entendre par ces mots : droits civils (1). S'agit-il seulement de l'interdiction légale ou judiciaire, ou bien, au contraire, la loi se réfère-t-elle à tous les droits politiques, civiques et civils ? Nous pensons qu'il faut donner aux mots : droits civils, une large extension. Si l'on prenait

(1) Cette même question se présente dans d'autres lois. Il n'y a pas lieu, pensons-nous, de lui donner partout et toujours la même solution. Cela dépend beaucoup plus du but de la loi que des mots eux-mêmes.

ces mots dans leur sens étroit, s'il ne s'agissait que des droits civils proprement dit, le but de la loi ne serait pas atteint et beaucoup d'individus pourraient être administrateurs d'un syndicat professionnel qui, dans l'esprit du législateur, devaient en être exclus. Comment admettre, en effet, que celui qui est privé de ses droits de citoyen français puisse administrer un syndicat professionnel alors que la loi exclut de cette même administration quiconque a perdu ses droits civils ? Ne jouissant plus de ses droits politiques et civiques, il a encouru une véritable déchéance, le législateur a voulu le marquer d'un stigmate indélébile ; pourquoi alors permettre de lui confier l'administration des intérêts de toute une classe d'honnêtes citoyens. Cela ne choquerait-il pas le bon sens de voir à la tête d'un de ces puissants syndicats un condamné pour vol, banqueroute ou faillite ? Et si ceux qui ont rédigé la loi n'ont pas toujours suffisamment pesé les mots qu'ils employaient, n'est-ce pas le rôle de l'interprète d'essayer de saisir les idées au-delà des mots ?

Nous conclurons donc que, dans cette loi, il ne s'agit pas seulement des droits civils proprement dits, mais encore des droits civiques et politiques et, comme conséquence, nous dirons que tous les individus qui, à la suite d'une condamnation pénale, auront été privés de ces droits ne pourront plus, désormais, faire partie de l'administration ou de la direction des syndicats professionnels.

SECTION XIV

Droit d'être membre de l'Assemblée générale de la Banque de France.

La loi du 24 germinal, an XI, relative à la Banque de France, décide, dans son article 14, que nul ne pourra être membre de l'Assemblée générale s'il ne jouit des droits de citoyen français (1).

C'est donc exclure tout individu qui à la suite d'une condamnation pénale, ou pour toute autre cause, a été privé de l'un de ses droits politiques, civiques ou civils. L'expression « droits de citoyen français » se réfère aussi bien aux droits civiques et civils qu'aux droits politiques puisque l'ensemble de ces droits constitue les prérogatives attachées à la qualité de citoyen français.

Que l'on exige des membres de l'Assemblée générale de la Banque de France la jouissance de leurs droits de citoyen, rien de mieux ; ils ont entre les mains la gestion d'une partie de la fortune de leur pays, et il est juste qu'une semblable mission ne puisse être accordée qu'à des individus dignes de toute confiance.

---

(1) L'Assemblée générale est composée de deux cents membres seulement, qui sont les deux cents plus forts actionnaires.

CHAPITRE III

CONSÉQUENCES DES CONDAMNATIONS PÉNALES QUANT AUX DROITS CIVILS ET DE FAMILLE

SECTION I

Déchéance de la Puissance paternelle.

Si le droit d'exercer la puissance paternelle, conformément aux règles établies par le Code civil, appartient en principe à tous les citoyens, les législateurs ont néanmoins pensé, dans l'intérêt de l'enfant que certains individus devaient être déclarés indignes de jouir de ce droit et que les tribunaux pourraient les en priver.

Nous trouvons l'application de ce principe dans l'article 335 C. pén., alinéa 2 (1). Mais la question a

---

(1) Article 335 C. pén., 2.

« Si le délit, — avoir excité, favorisé, facilité habituellement la débauche ou la corruption de la jeunesse —, a été commis par le père ou la mère, le coupable sera de plus, privé des droits et avantages à

surtout fait l'objet des lois postérieures, les lois du 7 décembre 1874 et du 24 juillet 1889.

La loi du 7 décembre 1874, relative à la protection des enfants employés dans les professions ambulantes a, dans une de ses dispositions, permis au juge de priver les parents de la puissance paternelle.

« La puissance paternelle, dit l'exposé des motifs, est comme tous les autres droits, réglée, dans les législations modernes, par la loi civile : elle repose sur les principes de liberté et de justice. La loi, en consacrant le droit paternel, lui trace aussi ses devoirs.. Si le père manque à ses devoirs, une sentence du tribunal pourra e déposséder de son autorité. »

L'article 2 de cette loi est ainsi conçu : « *Les pères et mères (tuteurs ou patrons) qui auront livré soit gratuitement soit à prix d'argent leurs enfants (pupilles ou apprentis) âgés de moins de seize ans, aux individus exerçant les professions ci-dessus désignées — acrobate, saltimbanque, charlatan, montreur d'animaux — ou qui les auront placés sous la conduite de vagabonds, de gens sans aveu ou faisant métier de mendicité seront punis des peines portées à l'article 1, — 6 mois à 2 ans de prison; 16 à 200 francs d'amende... — Les pères et mères pourront être privés des droits de la puissance paternelle.* »

Et l'article 3 : « *Quiconque emploiera des enfants âgés de moins de seize ans à la mendicité habituelle, soit ouvertement, soit sous l'apparence d'une profes-*

---

lui accordés sur la personne et les biens de l'enfant par le Code civil, livre Ier, titre IX, de la puissance paternelle.

sion, sera considéré comme auteur ou complice du délit de mendicité en réunion, prévu par l'art. 276 C. pén., et sera puni des peines portées à cet article. Pour le cas où le délit aurait été commis par les pères, mères (tuteurs), ils pourront être privés des droits de la puissance paternelle (ou être destitués de la tutelle).

Dans l'un comme dans l'autre de ces deux cas, c'est une pure faculté laissée au juge de priver, ou non, les condamnés de la puissance paternelle. Il paraît même que les juges usent très rarement de cette faculté, ainsi que le faisait remarquer M. Delisle, procureur de la République au tribunal de la Seine, dans une séance de la Société des Prisons, en janvier 1880. On ne peut que regretter cette insouciance des juges, et s'il importe peu à des individus sans aveu d'être privés de la puissance paternelle, il importe aux enfants de ces parents de ne plus être sous l'autorité de gens vicieux et mauvais qui ne pourront que les pervertir.

La loi du 24 juillet 1889, — sur la protection des enfants maltraités et moralement abandonnés —, a tout un titre consacré à la déchéance de la puissance paternelle. Les articles 1 et 2 indiquent à la suite de quelles condamnations les pères et mères doivent ou peuvent être déchus de la puissance paternelle.

I. — CAS DANS LESQUELS LA DÉCHÉANCE EST ENCOURUE DE PLEIN DROIT

ARTICLE PREMIER. — Les pères et mères et ascendants sont déchus de plein droit à l'égard de tous leurs enfants et descendants de la puissance paternelle ensemble de tous les droits qui s'y rattachent, notamment ceux énoncées aux articles 108, 141, 148, 150, 151, 346, 361, 372 à 387, 389, 390, 391, 397, 477, 935 C. C.; à l'article 3 du décret du 22 février 1851, et à l'article 46 de la loi du 27 juillet 1872 (1).

1° *S'ils sont condamnés par application du § 2 de l'article 334 C. pén.*

---

(1) Article 108. — Le mineur émancipé aura son domicile chez ses père et mère ou tuteur.

Article 141. — Si le père a disparu, laissant des enfants mineurs issus d'un commun mariage, la mère aura la surveillance et elle exercera les droits du mari quant à leur éducation et à l'administration de leurs biens.

Articles 148 et 150. — Consentement des parents, ou à leur défaut, des aïeuls, donné aux enfants âgés de moins de 21 ou 25 ans qui veulent contracter mariage.

Article 151. — Actes respectueux à faire en cas de refus de consentement.

Article 346. — L'enfant qui veut être adopté, s'il a encore son père et sa mère, doit obtenir leur consentement.

Article 361. — Même consentement nécessaire pour la tutelle officieuse.

Articles 372 à 387. — C'est le titre IX de la puissance paternelle. Nous y renvoyons.

Article 389. — Administration par le père, durant le mariage, des biens des enfants mineurs.

Article 391. — Droit pour le père de nommer à la mère survivante un conseil spécial.

Article 397. — Droit pour le dernier mourant de choisir un tuteur pour ses enfants.

Article 477. — Droit pour le père d'émanciper son fils.

Article 953. — Droit pour les père et mère d'accepter une donation pour un enfant mineur.

Décret du 22 février 1851, article 3 : L'acte d'apprentissage contiendra... ; 3° les nom, prénoms, profession des père et mère.

La loi du 15 juillet 1889 — qui remplace celle de 1872 — sur le recru-

Cette cause de déchéance existait déjà dans le Code pénal contre les parents qui favorisaient ou facilitaient la corruption ou la prostitution de leurs enfants. La loi de 1889 l'a néanmoins insérée dans ses dispositions pour donner une énumération complète en même temps que pour augmenter l'étendue de cette déchéance.

Sous l'empire du Code pénal, les parents condamnés par application de l'article 334 n'étaient déchus de la puissance paternelle que vis-à-vis de l'enfant dont ils avaient favorisé la corruption ou la prostitution.

La loi du 24 juillet 1889 a corrigé ce résultat en décidant que dans le cas de condamnation en vertu de l'art. 334. C. pén., comme dans tous les autres d'ailleurs, les père et mère et ascendants seraient déchus de plein droit de la puissance paternelle et de la garde de tous leurs enfants et descendants. De plus, la déchéance prononcée en vertu de l'art. 334 C. pén, ne dépouillait les parents indignes que des droits énumérés par le Code civil au livre Ier, titre IX. Ils conservaient donc tous les droits à eux appartenant d'après d'autres dis-

---

tement de l'armée exige parmi les conditions requises pour contracter un engagement...; 6° Si l'engagé à moins de vingt ans, il doit être pourvu du consentement des père et mère ou tuteur.

Il faut ajouter à ces lois celle du 7 février 1897 qui décide : la renonciation du mineur à la faculté de décliner dans l'année qui suit sa majorité, sa qualité de Français est faite par son père. En cas de déchéance de la puissance paternelle, c'est le tuteur autorisé par le conseil de famille.

Donc, les père et mère ou ascendants déchus de la puissance paternelle par application de la loi de 1889 perdent tous les droits ci-dessus énoncés.

positions du Code civil ou d'après des lois spéciales; tel le droit de consentir au mariage de ses enfants ou à leur engagement dans l'armée; désormais, en vertu de la loi nouvelle la déchéance est totale et absolue.

2° *S'ils sont condamnés soit comme auteurs, co-auteurs ou complices d'un crime commis sur la personne d'un ou de plusieurs de leurs enfants, soit comme co-auteurs ou complices d'un crime commis par un ou plusieurs de leurs enfants.*

La loi de 1889 prévoit dans ce paragraphe deux espèces de crimes très différents : les premiers sont des crimes commis sur la personne même des enfants par leurs père et mère comme auteurs, co-auteurs ou complices ; les seconds supposent simplement que les parents ont été les co-auteurs ou les complices de crimes commis par leurs enfants. D'ailleurs, la loi ne distinguant pas, la déchéance est la même, et elle est encourue de plein droit dans les deux cas.

On ne peut donc faire grief à un arrêt de la Cour d'assises de s'abstenir de prononcer la déchéance de la puissance paternelle contre un individu condamné pour crime d'attentat à la pudeur sur sa fille légitime âgée de moins de treize ans. La déchéance de la puissance paternelle a été en effet encourue de plein droit, dans l'espèce, aux termes de la loi de 1889 (1).

3° *S'ils sont condamnés deux fois comme auteurs, co-auteurs ou complices d'un délit commis sur la personne d'un ou de plusieurs de leurs enfants.*

---

(1) *Gazette des Tribunaux*, 16 septembre 1893.

Comme il ne s'agit ici que d'un délit commis sur la personne d'un enfant, la loi exige deux condamnations successives ; et nous pensons que la seconde condamnation entraînerait toujours la déchéance de la puissance paternelle, quel que soit le temps écoulé entre les deux condamnations, la loi ne faisant à ce sujet aucune distinction.

4° *S'ils sont condamnés deux fois pour excitation habituelle des mineurs à la débauche.*

Cette disposition semble, au premier abord, faire double emploi avec celle du § 1. Sans doute, l'une et l'autre se réfèrent à l'article 334 C. pénal, mais la première a trait à l'excitation des mineurs à la débauche par leurs propres parents, tandis que la seconde se réfère à l'excitation à la débauche commise par un père de famille sur des enfants qui ne sont pas les siens. La loi, dans le premier cas, se montre plus sévère; une seule condamnation suffit pour entraîner la déchéance de la puissance paternelle, tandis qu'il faut, dans le second cas, deux condamnations pour encourir la même peine.

Telles sont les quatre hypothèses prévues par la loi de 1889, dans lesquelles la déchéance de la puissance paternelle est encourue de plein droit par le fait seul de la condamnation.

II. — Cas dans lesquels la déchéance de la puissance paternelle peut être prononcée par les tribunaux.

A côté des cas dans lesquels l'indignité des parents est tellement évidente que la loi elle-même a prononcé la déchéance de la puissance paternelle, il en est d'autres, moins graves, qui ont été laissés par le législateur àla sagesse et à l'appréciation des juges.

ARTICLE 2. — Peuvent être déclarés déchus de la puissance paternelle ;

1° *Le père et la mère condamnés aux travaux forcés à perpétuité ou à temps, ou à la réclusion, comme auteurs, co-auteurs. ou complices d'un crime autre que ceux prévus par les articles* 86 *et* 101 *du Code pénal.*

Le législateur a pensé que les père et mère condamnés pour crime devaient, d'une part, être d'une moralité douteuse et que, d'autre part, le long temps de leur peine rompait forcément les liens de famille. Dans ces conditions il a jugé que mieux vaudrait, pour le bien des enfants et pour leur éducation, permettre au juge d'enlever au père ou à la mère condamnés l'exercice de la puissance paternelle et les droits y afférents. Cette disposition est générale et s'applique à tous les crimes quels qu'ils soient. Il n'a été fait qu'une exception pour les crimes prévus par les articles 86 à 101, désignés au Code pénal sous la rubrique de « crimes contre la sureté de l'Etat » (Sect. III, tit. I, liv. III, C. pén.). On a pensé que de tels attentats ne dénotaient pas chez ceux qui les avaient commis une perversité morale aussi grande que le meurtre ou le viol.

2° *Les père et mère condamnés deux fois pour un des faits suivants : séquestration, suppression, exposition ou abandon d'enfants, ou pour vagabondage.*

La loi exige ici deux condamnations successives et

prévoit deux catégories de délits, les uns contre la personne de l'enfant, les autres pour vagabondage.

Une question s'est posée à propos de l'interprétation de ce texte : celle de savoir si la suppression d'enfant qui, tantôt est un crime, tantôt un délit, — un crime quand l'enfant est mort, un délit dans le cas contraire —, devait rentrer, suivant qu'il y a crime ou délit, sous l'application de l'article 1-2°, ou dans celle de l'article 2-2°, ou bien, au contraire, si on devait toujours appliquer la disposition de l'article 2-2°. L'intérêt de la solution est grand ; si on admet que même le crime de suppression d'enfant tombe sous l'article 2-2°, il faudra deux condamnations pour faire encourir la déchéance de la puissance paternelle et encore sera-t-elle facultative pour le juge ; au contraire, si on applique l'art. 1-2°, ou l'art. 2-2°, suivant qu'il y a crime ou délit, la déchéance aura lieu de plein droit dans le premier cas, à la suite d'une seule condamnation, et, dans le second, il faudra deux condamnations, de plus la déchéance restera facultative. La Cour d'assises de la Drôme avait jugé dans le premier sens par arrêt du 26 octobre 1889, pour un crime de suppression d'enfant ; elle avait décidé qu'il n'y avait pas lieu à la déchéance de la puissance paternelle. Cet arrêt a été cassé, dans l'intérêt de la loi, par la Cour de cassation (1). Suivant la Cour, le crime de suppression d'enfant tombe sous le coup de l'article 1-2° ; la déchéance a donc lieu de plein droit et pour un seul crime. La Cour de cassation soutient, que l'article 1-2° vise exclusivement les faits qualifiés crimes

(1) Crim. Cass., 8 mars 1890. — D.P. 90, I, 233.

par la loi pénale, tandis que l'article 2-2° s'applique exclusivement aux faits qualifiés délits ; mais alors que devient et à quoi sert le 3° de l'article 1, qui prévoit les délits commis par les parents contre la personne de leurs enfants ? Mieux vaut dire que l'article 1-2° suppose le crime commis par le coupable sur la personne de ses propres enfants, tandis que l'article 2-2° suppose qu'aucun lien de parenté n'existe entre l'auteur du crime et sa victime,

Une autre difficulté s'est présentée sur l'application de l'article 2-2° Faut-il, pour que la déchéance soit prononcée, que les deux condamnations soient encourues à raison du même délit, c'est-à-dire deux condamnations pour suppression d'enfant, deux pour séquestration d'enfant? Ou bien suffit-il quelles le soient pour deux quelconques des délits prévus par l'article 2-2° ? — Il nous semble qu'il y a lieu de distinguer entre les deux catégories de délits prévus par l'article 2-2°. D'une part les délits de séquestration, suppression, abandon, exposition d'enfant ; d'autre part, les délits de vagabondage.

Pour qu'il y ait lieu à la suppression de la puissance paternelle, il faut que les deux condamnations aient eu lieu pour deux délits de la même catégorie : deux délits de vagabondage, un délit de suppression et un délit d'exposition d'enfant ; mais une condamnation pour vagabondage et une pour exposition d'enfant seraient insuffisantes.

En effet le texte de l'article 2-2°, met délit de vagabondage à part des délits précédents en les séparant de ces derniers par les mots « ou pour » (1).

3° *Les pères et mères condamnés par l'application de l'article 2, § 2, de la loi du 23 janvier 1873 ou des articles 1, 2, 3 de la loi du 7 décembre 1874.*

La loi du 23 janvier 1873 est relative à l'individu qui a été condamné deux fois dans la même année pour ivresse publique.

Quant à la loi du 7 décembre 1874, nous l'avons précédemment étudiée (2).

4° *Les père et mère condamnés une première fois pour excitation habituelle des mineurs à la débauche.*

Ce délit est déjà visé par les § 1 et 4 de l'article 1, mais ces trois dispositions prévoient trois hypothèses différentes.

Celle du 4° de l'article 2 suppose des pères et mères condamnés une première fois seulement pour excitation à la débauche d'enfants autres que les leurs : la déchéance est alors facultative. La disposition du 4° de l'article 1 suppose,au contraire,la récidive dans le même délit, avec déchéance obligatoire. Enfin le 1° de l'article 1 condamne les père et mère qui ont excité leurs

---

(1) Voir en ce sens. Leloir : *Code de la puissance paternelle*, t. I, n° 247.

Deux autres théories sont soutenues à ce sujet. La première prétend qu'il importe peu, pour que la déchéance soit prononcée, que les condamnations soient encourues pour délits du même genre ou pour délits différents. La seconde laisse toute liberté au juge de prononcer la déchéance de la puissance paternelle toutes les fois que l'intérêt de l'enfant l'exigera et qu'il se trouvera en présence de deux condamnations prévues par l'article 2-2°.

(2) Voir page 104.

propres enfants à la débauche, et alors la déchéance a lieu de plein droit, même à la suite d'une seule condamnation.

5° *Les père et mère dont les enfants ont été conduits dans une maison de correction par application de l'article 66 C. pén.*

Il s'agit du cas d'un mineur de seize ans, poursuivi devant le jury et acquitté comme ayant agi sans discernement. La Cour peut ordonner qu'il soit interné dans une maison de correction jusqu'à l'âge de 20 ans. D'après cette disposition de l'article 2-5°, la conséquence de la condamnation ne rejaillit pas sur le condamné, mais sur ses parents. La loi a pensé que les parents sont moralement responsables de la conduite de leurs enfants et que si ces derniers ont commis un crime, il y a peut-être de leur faute. Le juge est, en conséquence, autorisé à prononcer contre eux la déchéance de la puissance paternelle (1).

En terminant l'étude de cette loi de 1889, il est bon de constater que, durant l'année 1896, il y a eu au tribunal de la Seine, 142 affaires de déchéance de la puissance

---

(1) La déchéance de la puissance paternelle, d'après la loi de 1889, est toujours pleine et entière dans ses effets, et cela qu'il s'agisse d'une déchéance encourue de plein droit ou facultative.

D'autre part, la déchéance prononcée ne l'est pas seulement à l'égard des enfants qui ont été victimes des abus de la puissance paternelle, mais à l'égard de tous (Douai, 8 mai 1893.—D. P. 93, 2, 401).

Enfin la loi de 1889 frappe non seulement les père et mère, mais encore les ascendants quand ce sont eux qui exercent cette puissance. La déchéance s'applique aussi bien aux père et mère naturels qu'aux père et mère légitimes, mais il faut évidemment que la filiation naturelle soit légalement prouvée.

paternelle, sur une population de plus de trois millions et demi d'habitants, ce qui montre que cette loi, comme celle de 1874, est sinon lettre morte, du moins peu fréquemment appliquée (1).

SECTION II

Privation pour le mari du droit d'autorisation maritale.

Aux termes de l'article 221 du Code civil, « *Lorsque le mari est frappé d'une condamnation emportant peine afflictive et infamante, encore qu'elle n'ait été encourue que par contumace, la femme, même majeure, ne peut, pendant la durée de la peine, ester en justice ni contracter qu'après s'être fait autoriser par le juge.* »

La loi a vu, dans ces condamnations pour crime, une cause d'indignité suffisante pour enlever au mari son droit d'autorisation et, de plus, l'impossibilité presque absolue où se serait trouvé le mari de donner cette autorisation rendait cette mesure indispensable. Quels délais, en effet, eussent été nécessaires pour qu'une femme puisse obtenir l'autorisation de son mari condamné aux travaux forcés et subissant la peine à la Nouvelle-Calédonie !

Deux difficultés, classiques d'ailleurs, mais qu'on ne peut passer sous silence, sont nées de l'interprétation de l'article 221 C. civ.

---

(1) Rapport de M. Bonjean, juge au tribunal de la Seine, à la Société générale des Prisons.

La première est de savoir si la dégradation civique rend le mari incapable d'autoriser sa femme. Le doute, au premier abord, ne semble pas possible, la dégradation civique étant une peine infamante et rentrant, à ce titre, dans les termes mêmes de l'article 221. Mais cette peine est perpétuelle ; or l'article 221 parle de la privation de l'autorisation maritale pendant la durée de la peine, c'est donc qu'il ne se réfère pas aux peines perpétuelles. Deux solutions ont été proposées : la première consiste à supprimer les mots « pendant la durée de la peine » (1). Ce système est inadmissible, on ne peut retrancher ainsi un membre de phrase d'un texte de loi. La deuxième opinion dit : « L'article 221 C. civ. ne s'applique pas à la dégradation civique, en conséquence le mari conserve son droit d'autorisation malgré la peine prononcée contre lui »; « de plus, ajoute-t-on, l'article 34 C. pén. ne met pas cette incapacité au nombre de celles que produit la dégradation civique, c'est donc que le législateur n'a pas voulu l'y comprendre » (2). Cette solution, pour n'être pas entièrement satisfaisante, est admissible néanmoins.

La seconde difficulté vient du rapprochement de ces deux membres de phrase : « Pendant la durée de sa peine » et « Encore qu'il soit en état de contumace ». Or, dit-on, le condamné par contumace ne subit pas de peine, donc, il ne peut être privé du droit d'autorisation pendant la durée de sa peine. La solution générale-

---

(1) Delvincourt : *Cours de Code Civil*, t. I, p. 75 ; Note 18

(2) Demolombe : *Code Napoléon*, t. IV, 215.

Aubry et Rau : *Code Civil expliqué*, t, IV, p. 130.

ment admise est qu'en cas de condamnation par contumace, l'incapacité est égale à la durée de la contumace (1).

SECTION III

Faculté pour l'époux dont le conjoint a été condamné à une peine afflictive et infamante de demander la séparation de corps ou le divorce.

« *La condamnation de l'un des époux à une peine afflictive et infamante sera pour l'autre une cause de divorce.* — Art. 232 C. civ. modifié par la loi du 27 juillet 1884. —

L'ancien article 232 portait la « condamnation à une peine infamante », ce qui permettait la demande en divorce à la suite d'une condamnation au bannissement ou à la dégradation civique. La loi de 1884 a ajouté le mot afflictive; ces deux peines se trouvent donc en dehors de celles qui permettent au conjoint du condamné de demander le divorce sans qu'il puisse lui être refusé.

Tel quel, le nouvel article 232 est encore critiquable. En effet, le conjoint d'un condamné politique à la déportation ou à la détention peut se prévaloir de la condamnation de son conjoint pour demander le divorce, sans qu'on puisse le lui refuser, tandis que le conjoint du condamné pour vol, escroquerie ne peut le demander, tout au moins avec certitude.

---

(1) Demolombe : *Op. cit.*, t. IV, 118.

Tels sont les principes; restent à voir quelques questions qui peuvent faire doute.

La demande en divorce basée sur une condamnation à une peine afflictive et infamante est recevable, quelle que soit la juridiction qui ait prononcé: cour d'assises, tribunaux militaires, maritimes et des colonies (1).

La prescription de la peine laisse au conjoint le droit de demander la séparation de corps ou le divorce (2).

La question a été posée de savoir si une condamnation antérieure à la loi sur le divorce peut permettre au conjoint de demander le divorce. Il faut répondre affirmativement. En effet, une demande en séparation de corps était alors possible et la loi a permis de convertir une demande en séparation de corps en une demande en divorce (3).

Quid d'une condamnation à une peine afflictive et infamante prononcée avant le mariage ? Le conjoint du condamné pourra-t-il obtenir le divorce en vertu de cette condamnation ? Nous le pensons, bien que la question soit vivement controversée et que la négative soit adoptée par le plus grand nombre des auteurs (4). L'injure, en effet, reste la même, que la peine ait été prononcée avant ou pendant le mariage. Sans doute on objectera : le futur conjoint n'avait qu'à se renseigner :

---

(1) Carpentier: *Traité théorique et pratique du divorce*, N° 52. Vraye et Gode: *Le divorce et la séparation de corps*. t. I, N° 88.

(2) Aubry et Rau : *Op. cit.*, t. V, § 491. P. 179, note 30.

(3) Vraye et Gode : *Op. cit.*, t. I, n° 24.

(4) Demolombe : *Op. cit.*, t. IV, n° 392. — Vraye et Gode : t. I, nos 62, 85 et sq.

La négative est soutenue par Aubry et Rau : t. V, § 419. P. 178. Note 26. — Laurent : *Op. cit.*, t. III. N° 192.

on n'épouse pas ainsi le premier venu. Nous répondrons : on a pu le tromper, et parce que la faute provient de celui qui avait intérêt à cacher ses antécédents il faut que son conjoint soit obligé de vivre avec quelqu'un qu'il méprise.

Une condamnation à une peine afflictive et infamante prononcée à l'étranger ne pourrait permettre au conjoint d'obtenir *de plano* le divorce, de telles condamnations n'ayant point d'effet en France (1).

Plus grave est la question de savoir si une condamnation à une peine correctionnelle peut être une cause suffisante pour obtenir le divorce. Incontestablement une semblable condamnation ne peut permettre d'obtenir le divorce, *de plano*, comme cela a lieu pour les peines afflictives et infamantes; mais la demande en divorce, basée sur le fait que le conjoint a été condamné correctionnellement, serait-elle recevable ? La jurisprudence décide que la condamnation à une peine correctionnelle ne suffit pas pour obtenir le divorce, à moins que le fait, motif de la condamnation, n'atteigne le conjoint dans son honneur.

Cependant la plupart des auteurs récents qui étudient la loi de 1884, sur le divorce, enseignent d'une manière absolue que la condamnation correctionnelle peut, en raison de la flétrissure qui en résulte, servir de base au divorce ou à la séparation de corps (2).

---

(1) Voir l'étude de cette théorie, p. 183.
(2) En ce sens, Carpentier : *Op. cit.* N° 48. P. 105.
Frémont : *Op. cit.* Nos 109 et sq.
Vraye et Gode : *Op. cit.*, t. I, N° 61.

Cette manière d'envisager la loi est basée sur un passage du rapport de M. Letellier à la Chambre des députés sur le projet de loi modifié par le Sénat (1).

SECTION IV

Exclusion et destitution de la tutelle, de la curatelle, du Conseil de famille

Les causes d'exclusion et de destitution sont les mêmes pour la tutelle, la curatelle et le conseil de famille.

Aux termes de l'article 443 C. civ. « *La condamnation à une peine afflictive ou infamante emporte de plein droit l'exclusion de la tutelle. Elle emporte de même la destitution dans les cas où il s'agirait d'une tutelle antérieurement déférée.* »

Le Code pénal s'est montré, à ce sujet, moins sévère que le Code civil, puisqu'il a décidé que le condamné à une peine seulement infamante pourrait avoir la tutelle de ses enfants sur l'avis conforme du conseil de famille (Art. 28 et 34-4° C. pén.).

---

(1) « Le Sénat, est-il dit dans ce rapport, a supprimé la faculté que « vous aviez voulu donner aux tribunaux d'accorder le divorce à rai- « son de la condamnation de l'un des époux, à des peines correction- « nelles entachant, en fait, l'honneur du condamné. Nous regrettons « cette disposition... que la raison semblait commander. Un homme « peut être infâme sans que la peine à laquelle il a été condamné soit « légalement infamante et s'il est vrai qu'aucun supplice n'est com- « parable, pour une nature élevée, à celui d'être uni à un être dégradé « et pervers, le divorce semblait devoir être admis dans ce cas. »

Si les condamnations à des peines afflictives ou infamantes doivent entraîner l'exclusion ou la destitution de la tutelle, en est-il de même des condamnations à des peines simplement correctionnelles ? Non, en principe, sauf quelques exceptions contenues dans les lois de 1874 et de 1889. La loi du 7 décembre 1874, sur la protection des enfants employés à des professions ambulantes, indique, dans ses articles 2 et 3, les condamnations à la suite desquelles les tuteurs sont ou doivent être destitués de la tutelle. Dans les hypothèses prévues par l'article 2, la déchéance aura lieu de plein droit ; dans celles prévues par l'article 3 elle est laissée à l'appréciation des juges (1). La loi du 24 juillet 1889, sur la protection des enfants maltraités et moralement abandonnés, contient un article ainsi conçu : « *Tout individu déchu de la puissance paternelle est incapable d'être tuteur, subrogé-tuteur, curateur, membre d'un conseil de famille* (Art. 8). » Or, parmi les causes de déchéance, il est des condamnations correctionnelles (2).

Il y aurait encore lieu de décider qu'une condamnation correctionnelle, si elle dénotait chez le tuteur « une inconduite notoire » (Art. 444 C. civ.), entraînerait l'exclusion ou la destitution de la tutelle. Dans ce cas l'exclusion ou la destitution ne peut avoir lieu de plein droit, il faudra qu'elle soit prononcée par le tribunal et, d'ailleurs, la destitution aura bien plus pour cause

---

(1) Voir l'étude de la loi de 1874, p. 104 et sq.

(2) Voir l'étude de la loi de 1889, p. 105 et sq.

le fait qui a entraîné la condamnation que la condamnation elle-même.

Quant aux causes d'exclusion et de destitution d'un conseil de famille celles qui entraînent de plein droit l'exclusion ou la destitution de la tutelle entraînent aussi l'indignité d'être membre du conseil de famille. L'article 445 du Code civil dit à ce sujet : « Tout individu qui aura été exclu ou destitué d'une tutelle ne pourra être membre d'un conseil de famille. » Tel est l'effet des condamnations pénales prévues à l'article 443 C. civ. et de celles résultant des lois de 1874 et de 1889.

SECTION V

De la double incapacité de disposer et de recevoir à titre gratuit.

Avant la loi du 3 mai 1854, tout condamné à une peine afflictive perpétuelle encourait la mort civile, c'est-à-dire que, par une fiction de la loi, on s'était efforcé de faire produire à cette peine tous les effets de la mort naturelle (1).

La loi de 1854 ayant supprimé la mort civile, la rem-

---

(1) *Principaux effets de la mort civile.* — Sans entrer dans une étude complète de la mort civile qui n'est plus aujourd'hui qu'un souvenir historique, nous pouvons néanmoins énumérer ses principaux effets pour voir plus nettement ce qu'il en est subsisté dans notre législation moderne.

Par la mort civile, le condamné perd la propriété de tous les biens qu'il possédait.

Sa succession est ouverte au profit de ses héritiers auxquels ses

plaça par l'ensemble des déchéances suivantes : 1° Dégradation civique; 2° Interdiction légale; 3° Double incapacité de disposer ou de recevoir à titre gratuit ou par testament.

Nous laisserons de côté la dégradation civique et l'interdiction légale dont les effets et les conséquences ont été prévues par le Code pénal pour ne nous occuper que de la double incapacité de disposer et de recevoir.

L'art. 3 de la loi de 1854 est ainsi conçu : « *Le condamné à une peine afflictive perpétuelle ne peut disposer de ses biens en tout ou en partie, soit par donation entre vifs soit par testament, ni recevoir à ce titre si ce n'est pour cause d'aliments. Tout testament par lui fait,*

---

biens sont dévolus de la même manière que s'il était mort naturellement et sans testament.

Le mort civilement ne peut plus recueillir aucune succession, ni transmettre à ce titre les biens qu'il a acquis par la suite.— Cette disposition a été maintenue par la loi de 1854.

Il ne peut plus ni disposer de ses biens en tout ou en partie, soit par donation entre vifs, soit par testament, ni recevoir à ce titre, si ce n'est pour cause d'aliments. — Disposition également maintenue par la loi de 1854.

Le mort civilement ne peut être nommé tuteur ni concourir aux opérations de la tutelle, il ne peut être témoin dans un acte solennel ou authentique, ni être admis à porter témoignage en justice.

Il ne peut procéder en justice, ni en demandant ni en défendant que sous le nom et par le ministère d'un curateur spécial qui lui est nommé par le tribunal où l'action est portée.— Toutes ces incapacités et déchéances subsistent encore aujourd'hui comme étant la conséquence de la dégradation civique et de l'interdiction légale.

Enfin, le mort civilement est incapable de contracter un mariage qui produise aucun effet civil. Le mariage qu'il avait contracté précédemment est dissous, quant à tous ses effets civils. Son époux et ses héritiers peuvent exercer respectivement les droits et les actions auxquels sa mort naturelle donnerait ouverture.

antérieurement à sa condamnation contradictoire devenue définitive, est nul. »

Cette incapacité spéciale est un débris de la mort civile, débris malheureux, car, sous prétexte de maintenir l'égalité entre les condamnés, elle atteint plus durement les uns que les autres. Qu'importe à ceux qui n'ont aucun bien et n'en peuvent espérer aucun d'être privés du droit de disposer ou de recevoir ?

A d'autres points de vue cette disposition est encore critiquable. Le partage d'ascendant favorisé par la loi devient désormais impossible ; de plus le mariage n'est pas défendu au condamné à une peine perpétuelle et la loi lui empêche de faire les libéralités usuelles entre les futurs époux.

1° *Incapacité de disposer à titre gratuit.*

La loi frappe le condamné d'une manière absolue, il ne peut ni faire une donation, ni faire un testament, et personne ne peut faire des actes pour lui. Bien mieux le testament qu'il aurait fait avant sa condamnation tombe *ipso jure.*

2° *Incapacité de recevoir à titre gratuit.*

On a voulu éviter par ce moyen que certains condamnés puissent recevoir des adoucissements à leur peine et corrompre leurs gardiens par des libéralités. La loi excepte toutefois de ces dispositions la donation faite pour cause d'aliments. Cette dérogation ne peut s'appliquer pendant la durée de la peine puisque l'administration nourrit et entretient le condamné. Elle ne reçoit son application que si le condamné a été gracié ou s'il a prescrit sa peine ; il reste toujours incapable de disposer et de recevoir à titre gratuit, mais la loi lui permet de recevoir une donation pour cause d'aliments.

Remarque : les individus qui sont interdits légalement à la suite d'une peine afflictive temporaire peuvent valablement tester, mais ne peuvent disposer par donation entre vifs.

SECTION VI

Retrait des concessions accordées aux transportés.

Des concessions de terrain peuvent être accordées, par l'administration pénitentiaire, aux condamnés à la transportation qui s'en sont montrés dignes. Parmi ces concessions les unes sont provisoires, les autres sont définitives. Les concessions provisoires peuvent ou doivent être retirées à la suite de certaines peines prononcées contre les concessionnaires — Article 16 du décret du 18 janvier 1895.

« Les concessions provisoires sont retirées de plein « droit : 1° pour tout fait ayant entraîné des peines « criminelles ; 2°. . . »

« Les concessions provisoires peuvent être retirées : « 1° Pour tout fait ayant entraîné des peines correction- « nelles ; 2°. . . »

Il y a un certain nombre d'autres cas de retrait ; ceux que nous voulions indiquer étaient ceux provenant d'une condamnation pénale ; les autres ne nous intéressent pas.

CHAPITRE IV

DÉCHÉANCES PROFESSIONNELLES

SECTION I

Fonctionnaires publics.

Pour être fonctionnaire public, indépendamment des capacités professionnelles requises, il faut être Français et jouir de ses droits civils et politiques ; ce qui exclut des fonctions publiques tout individu ayant été condamné à une peine afflictive et infamante ou simplement infamante puisque, par le fait même, il est dégradé civiquement ; ce qui exclut encore des mêmes fonctions les individus qui ont subi une condamnation correctionnelle entraînant la perte des droits politiques, soit en vertu de l'article 42 du C. pén., soit par application du décret de 1852 sur les élections législatives.

A côté de ces condamnations bien déterminées en existe-t-il d'autres dont la conséquence peut être d'entraîner la suspension ou la destitution d'un fonctionnaire ?

Pour plus de clarté et de précision, nous distinguerons des fonctionnaires judiciaires, des fonctionnaires administratifs.

I. — Fonctionnaires judiciaires.

Si nous parlons sous une rubrique spéciale des fonctionnaires judiciaires, c'est que la plupart de ceux-ci ont, sur les fonctionnaires administratifs, l'avantage d'être inamovibles et, par conséquent, de ne pouvoir être révoqués au gré du ministre sous les ordres duquel ils sont placés. Pour qu'ils soient suspendus temporairement ou révoqués de leurs fonctions, il faudra donc des faits d'une gravité suffisante pour permettre une action disciplinaire.

Quels seront ces faits ? Quelles seront les condamnations dont la suspension ou la révocation sera la conséquence ? Il eût été à souhaiter que la loi du 20 avril 1810, sur l'organisation de la justice, se fût expliquée d'une façon plus formelle. L'article 58 décide que tout magistrat qui est sous les liens d'une condamnation correctionnelle sera, même pendant l'appel, suspendu provisoirement de ses fonctions.

Tant que le magistrat n'aura pas exécuté la peine il sera donc suspendu de ses fonctions. Cette sanction eût été, dans bien des cas, insuffisante ; aussi l'art. 59 de la même loi ajoute-t-il : « ***Tout magistrat condamné, même à une peine de simple police, pourra être déchu ou suspendu de ses fonctions, suivant la gravité des cas.*** » Mais la loi ne spécifie pas quelles condamnations peuvent entraîner ces mesures disciplinaires ; la Cour de cassation est laissée juge souverain de l'appréciation des faits qui lui sont déférés, et ce n'est pas à l'interprète à déterminer les cas de suspension ou de destitution. Tel fait a pu, étant données les circonstances qui l'ont entouré, entraîner une destitution, alors que le même fait, dans une autre hypothèse, aura provoqué la suspension du coupable.

Une chose est à remarquer, toutefois : c'est que la généralité des termes employés par la loi permet l'exercice de l'action disciplinaire à la suite d'une condamnation pénale, si faible soit-elle.

II. — Fonctionnaires administratifs.

Tous les fonctionnaires administratifs étant, en principe, révocables *ad nutum*, au gré du ministre sous les ordres duquel ils se trouvent, la loi n'avait pas à indiquer les causes de révocation. Les décrets réglant l'organisation de chaque ministère indiquent la procédure à suivre en cas de révocation et suivant le grade du fonctionnaire, sans énumérer les causes de révocation.

Cet état de choses, qui s'explique par la nécessité où se trouve un gouvernement d'avoir tous ses fonctionnaires à ses ordres, conduit pourtant à un fâcheux résultat. En effet, un ministre étant libre de révoquer un fonctionnaire à son gré, peut, par le fait même, le maintenir en fonctions alors même qu'il aurait encouru une condamnation portant atteinte à l'honneur ou à la probité, ou même lui faisant perdre un de ses droits civils ou politiques. Qui donc pourra se plaindre, et quels moyens d'action auront les citoyens placés sous les ordres de ce fonctionnaire ? L'hypothèse est loin, malheureusement d'être chimérique, et n'a-t-on pas vu des fonctionnaires déplacés à la suite de faits scandaleux, alors qu'en réalité la destitution, en pareil cas, était toute indiquée, s'imposait même ?

Pour éviter ce résultat, deux moyens nous semblent possibles : établir une liste des condamnations à la suite desquelles la destitution aura lieu de plein droit, — tous les actes faits par le fonctionnaire après sa condamnation seront nuls et de nul effet — ; créer une action permettant aux intéressés de poursuivre le fonctionnaire qui a manqué à ses devoirs ou a été condamné pour un fait portant atteinte à l'honneur et à la considération.

Toutefois une loi récente a prévu l'hypothèse où la destitution du fonctionnaire aurait lieu de plein droit à la suite d'une condamnation. Cette loi est du 18 avril 1886. Elle décide que tout fonctionnaire public du gouvernement qui a livré des plans ou des renseignements relatifs à la défense nationale ou à la sécurité extérieure de l'Etat, alors que ces plans et ces documents lui avaient été confiés, ou dont il avait connaissance, à raison de ses fonctions, sera condamné à la prison, — de deux à cinq ans, — et à l'amende, — de mille à cinq mille francs —, que, de plus, il sera révoqué de plein droit.

Le législateur ayant admis la révocation de plein droit dans cette hypothèse, pourquoi ne l'admettrait-il pas dans d'autres ? Ce serait écarter le système de l'arbitraire administratif, système toujours dangereux et qui conduit souvent à des injustices (1).

SECTION II

Officiers ministériels

Sous cette rubrique nous comprenons les avoués, les notaires, les huissiers, les greffiers, les agents de

---

(1) Il est remarquer, toutefois, que le C. pén., dans différents de ses articles, indique certaines condamnations à la suite desquelles les fonctionnaires condamnés seront incapables d'exercer aucune fonction publique.

Telle est l'hypothèse prévue par l'art. 175 Code pén. qui décide que tout fonctionnaire ou officier public qui aura pris ou reçu quelque intérêt dans les actes, adjudications et autres dont il avait l'administration et la surveillance sera puni de différentes peines et déclaré en outre incapable d'exercer à tout jamais une fonction publique.

De même l'art. 179 C. pén. décide que le fonctionnaire destitué ou suspendu, ou interdit légalement qui aurait, malgré cela, continué à exercer ses fonctions, sera, outre les peines, interdit de l'exercice de toute fonction publique pour une durée de 5 ans au moins, 10 ans au plus.

Telle aussi l'hypothèse de l'art. 185, C. pén.

De même l'art. 187 C. pén. déclare que le fait, par un agent du gouvernement, d'avoir ouvert ou supprimé une lettre confiée à la poste entraîne, outre les autres peines, la suspension de toute fonction publique pendant 5 ans au moins, 10 ans au plus.

L'art. 72 de la loi du 15 juillet 1889, sur le recrutement de l'armée, contient une disposition analogue en décidant que le fonctionnaire ou officier public qui aurait autorisé ou admis une exemption illégale pourrait, outre les peines, être privé de l'exercice de toute fonction publique pendant 5 ans au moins, 20 ans au plus (Renvoi à l'art. 185, C. pén.).

L'art. 3 de la loi du 23 janvier 1873, sur l'ivresse publique, décide qu'en cas de deux condamnations en police correctionnelle, pour délit d'ivresse manifeste, le condamné sera incapable : 1°... 3° d'être

change (1), les commissaires priseurs et les avocats au Conseil d'Etat et à la Cour de Cassation.

Toutes ces professions ne sont pas libres, en ce sens que le nombre des charges est limité dans chaque ville, que la nomination ne peut avoir lieu que par décret et qu'enfin tous sont soumis à une autorité disciplinaire représentée par les chambres de discipline, les tribunaux et les ministres.

La loi a exigé de tous ces officiers ministériels, pour qu'ils puissent exercer leurs fonctions, la jouissance de leurs droits civils, civiques et politiques, en un mot, la qualité de citoyen français.

Mais, est-ce la jouissance de tous les droits civils, civiques et politiques qui est requise de celui qui veut être officier ministériel, ou bien la perte d'un seul de ces droits a-t-elle pour conséquence d'empêcher la nomination ou d'entraîner la révocation ? La loi ne parle point de cette hypothèse; toutefois en interprétant le texte de la loi — Loi du 25 ventôse an XI sur le notariat, art. 35 — dans toute sa rigueur, il faut décider que tout fait entraînant la perte d'un droit appartenant

---

appelé aux fonctions de juré ou à autres fonctions publiques ou aux emplois de l'administration ou d'exercer ces fonctions ou emplois.

Nous croyons que ces divers cas de déchéance ne se réfèrent pas seulement aux fonctionnaires administratifs ou judiciaires mais aussi aux officiers ministériels. — Un notaire ou un avoué remplit bien une fonction publique.

(1) Indépendamment des règles générales que nous allons énoncer, l'article 87 du Code de commerce décide que tout agent de change qui aura fait des opérations de bourse, ou de banque pour son compte, qui se sera intéressé directement en son nom ou par personne interposée dans une affaire commerciale sera, outre l'amende et les dommages-intérêts, destitué de ses fonctions.

au citoyen français aura pour conséquence d'exposer l'officier ministériel qui l'aura commis, à perdre sa qualité. Il ya lieu, pensons-nous, d'interpréter la loi *stricto sensu,* car le législateur qui confère en quelque sorte un certificat d'honorabilité à certains individus, a le droit de se montrer sévère à leur égard et d'exiger d'eux une conduite irréprochable.

D'ailleurs, pour ce qui est de la perte de certains droits civils, civiques ou politiques, par application du décret du 2 février 1852, de la loi de 1872 sur le jury, de l'art. 42 C. pén. et autres dispositions législatives déjà étudiées, la destitution, la révocation, ou la suspension qui peuvent en être la conséquence n'a pas lieu de plein droit (1). Ce sont les tribunaux qui, désormais, la prononcent depuis la loi du 10 avril 1898 et non plus le ministre compétent, sauf pour les greffiers.

Que décider pour l'officier ministériel qui encourt une condamnation à une peine afflictive et infamante? Nous pensons que, dans cette hypothèse, la destitution doit avoir lieu de plein droit par le fait même de la condamnation dès qu'elle est devenue irrévocable. En effet, le condamné à une peine afflictive et infamante

(1) La loi du 10 avril 1898 n'a fait qu'étendre aux avoués, commissaires priseurs et autres la disposition de l'article 53 de la loi du 25 ventôse, an XI sur le notariat, décidant que toute révocation, suspension ou destitution serait prononcée par le tribunal civil. Avant cette loi, la suspension, révocation, destitution des officiers ministériels était prononcée par le garde des sceaux, ou le ministre du Commerce. — Seuls, actuellement, les greffiers restent soumis à l'ancien régime. On les considère comme faisant directement partie de l'organisation judiciaire et, à ce titre, ils sont, comme tous les membres des tribunaux, soumis à l'autorité de leur chef hiérarchique, le ministre de la Justice.

est dégradé civiquement, et la dégradation civique entraîne l'exclusion de toute fonction, emploi ou office public. L'officier ministériel, s'il n'est pas fonctionnaire, remplit bien néanmoins un office public; une circulaire du ministre de la Justice en date du 22 décembre 1835, relative aux seuls notaires, il est vrai, est dans ce sens (1). Etendre aux autres officiers ministériels ce qui est admis pour les notaires nous semble parfaitement licite.

De plus, un officier ministériel peut être révoqué ou suspendu de ses fonctions, à la suite d'une condamnation pénale qui n'a pas pour effet de lui faire perdre un ou plusieurs de ses droits politiques, civiques ou civils. Ceci est de jurisprudence et les tribunaux, dans ce cas, sont les appréciateurs souverains de l'opportunité d'une semblable et si grave décision. Et si l'on peut difficilement concevoir qu'une peine de simple police puisse entraîner la suspension ou la révocation d'un officier ministériel, on comprendra très bien que le même officier ministériel, condamné à l'amende ou à

(1) Une loi du 19 juillet 1810 à établi un empêchement particulier à la nomination des avoués, et une cause de destitution pour ceux qui sont en charge. Les individus, dit cette loi, qui seront convaincus de s'être livrés à la postulation seront condamnés à une amende et, de plus, à la seconde fois, ils seront déclarés incapables d'être nommés aux fonctions d'avoués. Les avoués qui seront convaincus de complicité seront, à la deuxième fois, condamnés à 1,500 fr. d'amende et destitués de leurs fonctions. Il est à remarquer que, dans cette dernière hypothèse, la loi ne laisse aucune appréciation aux tribunaux, contrairement à ce qui a lieu lorsqu'un officier ministériel est poursuivi à la suite d'un fait ayant entraîné contre lui une condamnation pénale.

l'emprisonnement,— pour coups et blessures par exemple —, puisse être destitué de ses fonctions.

Enfin, une conséquence de la destitution prononcée, et ce n'est pas la moindre, est l'impossibilité pour l'officier ministériel destitué, de présenter son successeur et même, suivant la Cour de cassation, de toucher le prix d'acquisition payé par le nouveau titulaire. Nous objectera-t-on que ce n'est pas là, une conséquence de la condamnation, mais de la destitution ? Nous répondrons que les deux conséquences sont inséparables l'une de l'autre, et que toutes deux sont bien le résultat de la faute commise par l'officier ministériel.

SECTION III

Avocats.

Ecartées les conditions de capacité requises, la loi n'indique nullement si pour être avocat, il faut jouir de ses droits civils, civiques ou politiques.

Qu'il faille être Français cela ne saurait faire aucun doute, et, bien qu'aucune disposition législative n'exige formellement cette condition, elle est pourtant nécessaire. L'avocat peut, en effet, être appelé à signer des consultations dans certaines affaires, par suite d'une sorte de délégation judiciaire (1), à suppléer un juge ou

(1) Telle est l'hypothèse prévue par l'article 467 C. civ. Cet article décide que le tuteur qui veut transiger pour le mineur dont il gère les biens, ne peut le faire qu'après y avoir été autorisé par le conseil de famille, et avoir pris l'avis de trois jurisconsultes désignés par le procureur de la République.

un magistrat (1). Or, il est de toute évidence que ces actes ne peuvent être accomplis que par un Français, la première condition requise pour être magistrat étant d'avoir la qualité de Français. Si un étranger avait été porté au tableau, il devrait en être rayé.

De là faut-il conclure que l'avocat doit perdre sa qualité de Français pour ne plus pouvoir exercer sa profession; et une condamnation à une peine criminelle ou correctionnelle ne pourrait-elle pas avoir pour effet de motiver sa radiation du tableau? Cette dernière solution nous semble absolument incontestable et, en fait, elle est appliquée toutes les fois que les circonstances l'exigent.

Toute la question est de savoir s'il existe un moyen légal de faire rayer un avocat du tableau, et si certaines condamnations n'auront pas cette conséquence forcée, indépendamment de toute décision du Conseil de l'ordre. La loi est muette sur tous ces points et alors qu'elle exige des officiers ministériels la jouissance de leurs droits de citoyen français, elle semble ne pas imposer une semblable condition aux avocats. Le législateur a sans doute pensé que le Conseil de l'ordre était assez vigilant pour ne pas accepter dans le barreau un individu indigne d'y figurer (2).

---

(1) C'est ce qui arrive dans le cas prévu par l'article 468 C. Pr. C. : « S'il y a partage dans une Cour d'appel, on appellera pour le vider un ou plusieurs des juges qui n'ont pas connu l'affaire. Si tous ont connu l'affaire, on appellera trois anciens jurisconsultes. »

(2) En fait, les deux solutions coïncideront toujours, et l'on conçoit mal qu'un Conseil de l'ordre veuille maintenir au tableau l'avocat qui aurait été condamné pour vol, je suppose, et rayé de ce fait des listes électorales. Mais cette dernière conséquence n'aura pas pour,

Par ailleurs, la profession d'avocat ne peut pas et ne doit pas être considérée comme un emploi ou un office public et, par conséquent, ne tombe pas sous l'application de l'art. 32 C. pénal.

Nous déciderons donc que le Conseil de l'ordre est souverain du point de savoir si un avocat, à la suite d'une condamnation, doit, ou non, être rayé du tableau et cela indépendamment des conséquences législativement consacrées, telles que la perte de certains droits civiques ou des droits politiques.

SECTION IV

Officiers de l'armée active et Officiers de réserve et de territoriale.

Le grade est la propriété des officiers; toutefois, la loi a déterminé les causes qui pourraient faire perdre son grade à un officier. Ce résultat se produira le plus souvent, comme conséquence d'une condamnation pénale. Telles sont la plupart des hypothèses prévues par la loi du 19 mai 1834 et le décret du 31 août 1878 sur la révocation des officiers de réserve et de territoriale.

I. — Officiers de l'armée active

L'officier ne peut perdre son grade que par l'une des causes ci-après :

---

effet d'obliger le Conseil de l'ordre à rayer du tableau l'avocat condamné.

1° *Condamnation à une peine afflictive et infamante.*

Cette disposition se passe de commentaire : il s'agit d'un officier qui a été condamné pour crime, dégradé civiquement par le fait même de sa condamnation, et destitué par conséquent de toute fonction, emploi ou office publics.

2° *Condamnation à une peine correctionnelle pour délits prévus par la section I et les articles* 402, 403, 405, 406, 407 *du chapitre II du livre III, C. pén.*

Ces articles ont trait au vol, à la banqueroute, à l'escroquerie, à l'abus de confiance. Le législateur a pensé que l'officier capable de commettre de semblables délits était indigne de servir dans l'armée française ; aussi lui fait-il, comme conséquence de sa condamnation, perdre son grade (1).

3° *Condamnation à une peine correctionnelle d'emprisonnement et qui, en outre, a placé le condamné sous la surveillance de haute police* (interdiction de séjour) *et l'a interdit des droits civiques, civils et de famille.*

Tout délit donc ayant entraîné une peine correctionnelle d'emprisonnement, si faible soit-elle, pourra faire perdre son grade à l'officier, à la condition, toutefois, que le tribunal ait placé, en outre, le condamné sous la surveillance de haute police et l'ait interdit de ses droits civiques et de famille prévus à l'art. 42 C. pén. Il est à remarquer que les juges ne peuvent prononcer ces

(1) Voir pages 18 et 19.

peines accessoires que dans des cas limitativement énumérés par le Code pénal ou par des lois spéciales.

La perte du grade à la suite de ces condamnations a lieu de plein droit et sans qu'il soit nécessaire qu'elle ait été prononcée par les tribunaux ou par le Conseil de guerre. En effet, la loi dit: « L'officier ne peut perdre son grade que par l'une des causes ci-après... » Donc une de ces causes survenant, l'officier perd son grade : on ne le lui enlève pas, il le perd.

II. — Officier de réserve et de territoriale

Les condamnations qui font perdre leur grade aux officiers de l'armée active s'appliquent également aux officiers de réserve et de territoriale, ainsi que cela résulte du décret de 1878 qui reproduit, à ce sujet, les termes de la loi de 1834. Il n'y a pas lieu d'y insister. Le décret du 31 août 1878 indique d'autres causes de la perte du grade : c'est la révocation prononcée dans les formes et les conditions prévues par les articles 6 et 7 du même décret. D'après le 8° de l'article 1, l'officier de réserve ou de territoriale possédant une charge d'officier ministériel qui vient à être destitué par jugement ou révoqué par mesure disciplinaire, sera privé de son grade par décret du Président de la République. Nous supposons évidemment, pour que l'hypothèse rentre dans notre théorie, que la destitution de l'officier ministériel a eu lieu à la suite d'une condamnation pénale par lui encourue. L'article 7 dit que la révocation de l'officier peut être prononcée par décret du Président de la République, sur l'avis conforme du Conseil d'enquête, pour condamnation à une peine correctionnelle, lorsque la nature du délit ou bien la gravité de la peine paraissent rendre cette mesure nécessaire. La loi ne précise rien, elle laisse le Conseil d'enquête juge de l'opportunité d'une semblable mesure; on ne saurait donc énumérer quels délits peuvent entraîner la révocation.

Cette dernière disposition, relative aux officiers de réserve, serait-elle applicable aux officiers de l'armée active? La loi de 1834 est muette à ce sujet. Doit-on dire que, seules,les causes indiquées dans son article 1 doivent avoir pour effet de faire perdre le grade, ou bien,au contraire,doit-on étendre la disposition de l'art. 7 du décret de 1878? Dans le doute, et dans le silence de la loi, nous admettrons cette dernière opinion, et si l'on nous objecte qu'on ne peut pas prononcer une semblable déchéance sans texte, nous répondrons : 1° qu'il n'y a aucune raison pour être plus sévère pour des officiers de réserve que pour les officiers de l'armée active, le contraire devrait plutôt avoir lieu; 2° que la perte du grade, dans cette hypothèse, n'a pas lieu de plein droit, qu'elle est prononcée par le Conseil d'enquête et qu'en conséquence il y a une garantie suffisante pour l'officier; 3° qu'enfin il est inadmissible que l'autorité disciplinaire militaire ne puisse pas obtenir la révocation d'un officier lorsqu'il s'est rendu coupable de faits qui portent atteinte à l'honneur du corps dont il fait partie.

SECTION V

Instituteurs et Professeurs.

Les lois organiques sur l'enseignement primaire secondaire ou supérieur contiennent toutes des dispositions ayant pour but d'exclure du professorat les individus qui ont subi certaines condamnations pénales.

§ I. — ENSEIGNEMENT PRIMAIRE

C'est actuellement la loi du 30 octobre 1886 qui règle l'enseignement primaire et fixe les conditions exigées pour tenir une école ou y être employé.

L'article 5 décide : *Sont incapables de tenir une école primaire ou publique ou d'y être employés ceux qui ont subi une condamnation judiciaire pour crime ou délit contraire à la probité et aux mœurs, ceux qui ont été privés par jugement de tout ou partie des droits mentionnés à l'article 42 du Code pénal.*

Sans nous étendre sur l'énumération de l'article 42, nous pouvons dire que quiconque a été privé des droits civiques, civils ou de famille indiqués dans cet article, est incapable de tenir une école publique ou d'y être employé. La privation d'un seul de ces droits suffirait pour cela ; l'article 5 de la loi de 1886 parle, en effet, de la privation de tout ou partie des droits.

Mais que faut-il entendre par ces mots : crimes ou délits contre la probité ou les mœurs ?

Le Code pénal contient, au livre III, titre III, une section ayant pour titre : *Attentats aux mœurs*.

Il est évident que tous les crimes et délits prévus dans cette section doivent rentrer dans les mots crimes ou délits contre les mœurs.

Que faut-il entendre par attentats aux mœurs et quels sont-ils ? « Les attentats aux mœurs sont ceux qui « blessent dans la personne, et avec plus ou moins de « gravité, ce sentiment intime qu'on appelle la pudeur (1). » Il ne faut pas les confondre avec l'outrage aux bonnes mœurs prévu par l'article 28 de la loi de 1881 et par la loi du 2 août 1882. Les attentats aux mœurs constituent des crimes ou délits contre les particuliers et se commettent par actions ou gestes sans condition de publicité.

Ce sont :

1° L'outrage public à la pudeur ;

2° Attentat à la pudeur sans violence sur un enfant de moins de 16 ans ;

3° Attentat à la pudeur sans violence sur un mineur âgé de plus de 13 ans non émancipé par mariage lorsque le coupable est un ascendant ;

4° Le viol ;

5° L'attentat à la pudeur avec violence ;

6° L'excitation habituelle à la débauche de la jeunesse au-dessous de 21 ans ;

7° L'adultère ;

8° La bigamie.

A cette énumération déjà longue, il faut ajouter les individus condamnés par application de l'article 28 de

(1) Dalloz. *Code pénal annoté*.

la loi de 1881 sur la presse pour avoir, par discours, cris et menaces proférés dans des lieux publics, outragé les bonnes mœurs et ceux condamnés en vertu de la loi du 2 août 1882 sur la répression des outrages aux bonnes mœurs pour avoir vendu, affiché, exposé des livres, gravures et affiches obscènes (1).

Tous les citoyens condamnés pour l'un ou l'autre de ces crimes ou de ces délits, ne pourront donc tenir un établissement d'enseignement primaire ou y être employés. Cette incapacité est d'ailleurs perpétuelle quelle que soit la cause qui l'ait amenée : la loi à ce sujet ne fait aucune distinction.

Comme délit contraire à la probité, on peut indiquer le faux-témoignage, le vol, l'escroquerie, l'abus de confiance, les délits de fournisseurs. Mais cette énumération n'est nullement limitative; et c'est un reproche que l'on pourrait faire aux législateurs qui ont voté cette loi de ne pas avoir déterminé d'une manière précise quels crimes et quels délits entraîneraient l'incapacité d'être instituteur. L'emploi de ces mots vagues dans les textes des lois qui font encourir des incapacités a pour résultat de rendre les lois injustes et inégales ; elles deviennent trop souvent des armes politiques dont se servent à l'occasion ceux qui ont mission de les appliquer.

§ II. — ENSEIGNEMENT SECONDAIRE

La loi du 15 mars 1850 qui organise cette branche de l'enseignement avait indiqué les condamnations à la

(1) Modifiée par la loi du 16 mars 1898.

suite desquelles un individu ne pourrait plus être nommé professeur ou être employé dans un établissement d'enseignement secondaire. Ces condamnations sont les mêmes que celle prévues par la loi de 1886, nous n'aurions donc rien à ajouter s'il ne nous fallait faire une remarque qui s'applique à l'enseignement primaire comme à l'enseignement secondaire. Bien que ni la loi de 1886 ni celle de 1850 ne parle de crimes autres que ceux contre la probité et les mœurs, il est bien évident cependant que le condamné à une peine afflictive et infamante, entraînant la dégradation civique, est, par le fait même, incapable de professer. En effet l'article 34 indique, dans l'un de ses paragraphes, que le dégradé civiquement ne pourra tenir une école.

§ III. — ENSEIGNEMENT SUPÉRIEUR

La loi de 1875 déclare incapable d'ouvrir un cours et de remplir les fonctions d'administrateur ou de professeur dans un établissement d'enseignement supérieur :

1° *Les individus qui ne jouissent pas de leurs droits civils.*

Ces mots « individus qui ne jouissent pas de leurs droits civils » se réfèrent-ils seulement à ceux qui ont été interdits judiciairement, ou bien, au contraire, doivent-ils être pris dans une acception plus générale et s'appliquer à ceux qui ont perdu leurs droits politiques, civiques et de famille. Nous admettrons cette dernière solution comme plus conforme à l'esprit de la loi qui est d'exclure de l'enseignement ceux qui en sont devenus indignes à la suite d'une condamnation pénale.

2° *Ceux qui ont déjà subi une condamnation pour crime ou délit contraire à la probité ou aux mœurs.*

Nous avons déjà dit, à propos de l'enseignement primaire, ce que nous pensions de ces expressions délits contraires à la probité et aux mœurs ; il nous suffira donc d'y renvoyer (1).

3° *Ceux qui, par suite de jugement se trouveront privés de tout ou partie des droits civiques, civils et de famille indiqués dans les nos* 1, 2, 3, 5, 6, 7, 8, *de l'art.* 42 *Code pénal.*

Il s'agit là de tous les droits prévus par l'art. 42, sauf du droit de port d'armes. En admettant donc que les tribunaux privent exclusivement un condamné de ce droit, il pourra encore professer ou être directeur d'un établissement d'enseignement supérieur.

La loi, par ailleurs, a soin d'indiquer qu'il s'agit non seulement de la privation de tous les droits énumérés à l'art. 42, mais que la privation partielle de ces droits entraîne la même incapacité.

4° *Ceux contre lesquels l'incapacité aura été prononcée en vertu de l'article* 16 *de la présente loi.*

Cet article prévoit le cas où les administrateurs ou les auteurs du cours ne se sont pas conformés aux prescriptions de la loi, ils peuvent alors être condamnés à une amende qui ne peut excéder 1000 fr. et l'enseigne-

(1) Voir page 141.

ment peut leur être interdit pour un temps plus ou moins long.

Il faut ajouter encore à ces incapacités certaines pénalités accessoires laissées à l'appréciation des tribunaux : suspension ou suppression du cours, fermeture de l'établissement.

L'article 17 décide qu'en cas d'infraction aux dispositions relatives aux formalités à remplir pour l'ouverture des cours, l'administration et l'organisation de l'établissement, les tribunaux peuvent prononcer la suspension du cours ou de l'établissement pour un temps qui ne devra pas excéder trois mois. De même, en cas d'infractions aux dispositions de l'article 8 (ci-dessus étudié) les tribunaux doivent prononcer la fermeture du cours, et peuvent prononcer celle de l'établissement.

Si une seconde infraction aux prescriptions relatives à l'ouverture des cours, à l'administration, à l'organisation de l'établissement est commise dans le courant de l'année qui suivra la première condamnation, le délinquant pourra être frappé pour un temps n'excédant pas cinq années de l'incapacité édictée par l'art. 8, c'est-à-dire qu'il ne pourra ouvrir un cours ni être administrateur ou professeur et, de plus, la fermeture du cours devra être prononcée et celle de l'établissement pourra l'être.

La récidive à l'obligation de se soumettre à la surveillance administrative, si elle a lieu dans l'année qui suit la première condamnation, pourra entraîner la fermeture de l'établissement.

Enfin, d'après l'art. 21, si une condamnation pour

délit commis dans un cours a été encourue, les tribunaux peuvent prononcer la fermeture du cours.

§ IV. — ÉCOLES MATERNELLES

Le décret du 2 août 1881 relatif à l'établissement des écoles maternelles publiques et libres édicte, dans son article 5, les mêmes incapacités que la loi du 15 mars 1886 sur l'enseignement primaire. Il suffira de se référer à ce que nous avons dit à ce sujet pour connaître les personnes qui ne peuvent tenir une école maternelle ou y être employées (1).

SECTION VI

Médecins, Officiers de santé, Dentistes, Sages-Femmes.

Jusqu'à ces dernières années, la profession de médecin, officier de santé, dentiste, sage-femme, était libre en ce sens que le diplôme, une fois obtenu devant

---

(1) Tous les individus que les lois scolaires, pour différentes raisons déclarent incapables d'enseigner, ou d'être employés dans un établissement d'enseignement, ne pourraient pas davantage continuer d'exercer leur profession s'ils venaient à encourir les condamnations prévues, ou s'ils perdaient leurs droits civils. Ce principe, vrai en théorie, ne l'est pas toujours autant en pratique, et si, par exemple, l'administration maintient en fonctions un instituteur qui devait être destitué à la suite d'une condamnation prévue par la loi de 1886, les intéressés, comme les parents des enfants, n'ont aucun moyen légal pour demander la révocation de l'instituteur indigne.

une faculté française, aucune cause ne pouvait en principe empêcher un médecin, un officier de santé ou autres, d'exercer sa profession.

Pourtant, la loi du 3 mars 1822, relative à la police sanitaire, parmi les pénalités édictées contre ceux qui ont enfreint ses règles, contient une disposition relative aux médecins. Il est dit, à l'article 13 de cette loi, que celui qui aurait refusé d'obéir à des réquisitions d'urgence pour un service sanitaire ou qui, ayant eu connaissance d'un symptôme pestilentiel, aura négligé d'en informer qui de droit, sera puni d'un emprisonnement et d'une amende. De plus, si le prévenu de l'un ou de l'autre de ces délits est un médecin, il sera, en outre, frappé d'une interdiction d'un an à cinq ans. Cette interdiction n'est pas encourue de plein droit, sa durée n'est pas fixée, il faut donc que le juge la prononce et en détermine la durée dans les limites fixées par la loi. Toutefois, c'est une obligation pour le juge de la prononcer : « il sera frappé d'une interdiction », dit le texte. Mais s'il omet de le faire, et si le jugement n'est plus susceptible d'aucune voie de recours, le condamné bénéficiera de l'omission.

La loi du 30 novembre 1892 est venue régler d'une façon précise et, peut-être, un peu étroite, l'exercice de ces professions, Parmi les nombreuses innovations apportées à l'ancien état de choses, il en est une qui nous intéresse et qu'il nous faut signaler. Désormais, à la suite de certaines condamnations pénales, les tribunaux pourront prononcer contre les médecins, officiers de santé, dentistes, sages-femmes, la suspension temporaire ou l'incapacité perpétuelle de l'exercice de leur profession.

Innovation importante, puisqu'elle semble devoir être le point de départ de nombreuses réformes. Beaucoup d'autres professions, en effet, sont soumises à la surveillance et au contrôle de l'Etat; pour aucune la loi organique sur la matière, n'indique à la suite de quelles condamnations on pourra suspendre de sa profession, le coupable, ou la lui interdire ; d'où des hésitations, des contradictions même dans la jurisprudence. Le système adopté par la loi de 1892 coupe court à toute difficulté en énumérant limitativement les condamnations à la suite desquelles il y a lieu à suspension ou à interdiction.

L'art. 25 de la loi du 30 novembre 1892 est ainsi conçu : *La suspension temporaire ou l'incapacité absolue de l'exercice de leur profession peuvent être prononcées par les cours et tribunaux, accessoirement à la peine principale, contre tous médecin, officier de santé, dentiste, sage-femme, qui est condamné* :

1° *A une peine afflictive et infamante* ;

2° *A une peine correctionnelle prononcée pour faux, pour vol, pour escroquerie, pour crimes et délits prévus par les articles* 316, 317, 331, 332, 334, 335, *C. pén.* ;

3° *A une peine correctionnelle prononcée par une cour d'assises pour faits qualifiés crimes par la loi.*

D'après le texte même de la loi il est à remarquer que la suspension temporaire ou l'incapacité absolue ne sont jamais encourues de plein droit ; il faudra toujours qu'elles soient prononcées par le juge, quelle que soit la peine dont a été frappé le délinquant.

De même la loi n'ayant parlé que des peines criminelles afflictives et infamantes a laissé en dehors des causes de suspension ou d'incapacité les crimes punis de la dégradation civique et du bannissement.

Nous n'insisterons pas à nouveau, ici, sur les condamnations énumérées dans l'art. 25, elles nous sont suffisamment connues par ce que nous avons déjà eu l'occasion de dire à ce sujet (1).

L'art. 25 ajoute : *En cas de condamnation prononcée à l'étranger pour un des crimes ou délits ci-dessus spécifiés, le coupable pourra également à la requête du ministère public, être frappé, par les tribunaux français de suspension temporaire ou d'incapacité absolue de l'exercice de sa profession.* »

C'est, actuellement, la seule hypothèse où une condamnation pénale encourue à l'étranger peut entraîner, en France, des conséquences analogues à celles qui se seraient produites si la condamnation avait été prononcée par un tribunal français. Nous n'insistons pas davantage ici sur cette importante question ; nous la retrouverons plus loin où elle fera l'objet d'une étude spéciale (2).

Le troisième alinéa de l'article 25 décide : « *Les aspirants ou aspirantes au diplôme de docteur en médecine, d'officier de santé, de chirurgien dentiste, de sage-*

(1) Voir pour le 1° page 12.
Voir pour le 2° page 18.
Voir pour le 3° page 66.

(2) Voir chapitre VI.

femme condamnés à l'une des peines énumérées aux §§ 1, 2, 3 du présent article peuvent être exclus des établissements d'enseignement supérieur.

Conséquence logique du but de la loi. Si l'on prive, en effet, un médecin d'exercer sa profession à la suite de condamnations pénales, à plus forte raison doit-on pouvoir empêcher ceux qui se destinent à cette profession de suivre les cours et de faire les études qui y conduisent.

Enfin le cinquième alinéa de l'article 25 établit une juste restriction aux termes généraux du premier alinéa : *En aucun cas les crimes et délits politiques ne pourront entraîner la suspension temporaire ou l'incapacité absolue d'exercer les professions visées au présent article, ni l'exclusion des établissements d'enseignement médical.*

Le législateur a pensé, avec raison, que les crimes et délits politiques ne pouvaient pas, par eux-mêmes, être une cause suffisante de suspension temporaire ou d'incapacité absolue de l'exercice de la médecine et autres professions similaires. Le médecin qui, dans un mouvement insurrectionnel, s'est laissé aller à commettre un délit, un crime même, peut, malgré cela, conserver l'estime de ses concitoyens et ne doit pas être placé au même rang qu'un assassin ou qu'un voleur.

Et, s'il nous est permis d'apprécier, en quelques mots, la disposition qui dans cette loi nous occupe, nous dirons que la liberté laissée au juge est beaucoup trop grande, du moins en ce qui concerne certains délits prévus par le 2° — vol, escroquerie, faux. — Comment, un juge pourra, pour un délit semblable et quelle que soit la peine prononcée, décider que le médecin coupable sera désormais incapable d'exercer sa profession ? Nous ne doutons pas de l'impartialité et de l'intégrité des juges, mais la loi ne leur met-elle pas entre les mains une arme puissante dont ils pourront abuser ? Nous eussions mieux aimé que la loi ait nettement déterminé les cas dans lesquels les juges devront prononcer l'incapacité, ceux dans lesquels la suspension sera obligatoire. De plus, cette suspension, quelle en est la durée ? Il n'y a ni maximum, ni minimum ; sera-ce un jour ? sera-ce un an ? ou plus longtemps encore ? Tout cela est laissé à l'arbitraire le plus absolu. Arbitraire pour arbitraire, mieux vaudrait encore l'arbitraire législatif que l'arbitraire judiciaire ; le premier a sur le second l'avantage d'être aveugle et de frapper tout le monde indistinctement.

SECTION VII

Gérant de Journal.

« *Tout journal ou écrit périodique aura un gérant. Le gérant devra être Français, majeur, avoir la jouissance de ses droits civils et n'être privé de ses droits civiques par aucune condamnation judiciaire* » (Article 6. Loi 29 juillet 1881, sur la presse).

Cette loi n'indiquant pas quelles condamnations auront pour conséquence d'empêcher celui qui les a subies d'être gérant de journal, il faut dire que toute condamnation ayant pour effet de priver le condamné d'un droit civil ou civique, l'empêchera de pouvoir exercer cette profession.

Ce qui s'entend de tous ceux qui ont encouru la dégradation civique soit comme peine accessoire soit comme peine principale. Cela s'entend aussi des individus qui ont été privés de certains droits civiques, civils et de famille par les tribunaux jugeant correctionnellement et par application de l'article 42 du C. pén.

Il faut remarquer que la loi emploie le pluriel et non le singulier, ce qui ne veut pas dire que, seule, la privation de tous les droits civils ou civiques a pour conséquence d'entraîner l'incapacité d'être gérant. De même, bien que la loi, dans son article 6, ne parle que de la privation des droits civiques par suite d'une condamnation judiciaire, il ne faudrait pas admettre comme gérants les individus visés par l'article 15 du décret de 1852 (2 février). La raison de décider ainsi c'est que les individus non inscrits sur les listes électorales à la suite d'une condamnation sont bien privés d'un de leurs droits civiques et du plus considérable (1).

Qu'advient-il du gérant condamné pour un délit n'entraînant pas interdiction des droits civiques ?

L'article 19 de la loi du 9 septembre 1835 ordonnait, en cas d'emprisonnement du gérant, sa destitution et la suspension de la publication du journal.

La loi de 1881 a abrogé l'article 19 et sa disposition n'a pas été reproduite ; le gérant garde donc sa qualité

---

(1) En ce sens tribunal correctionnel de Lyon, 12 février 1884, et Fabreguette. — *Traité des infractions de la parole, de l'écriture et de la presse*, t. I., n° 282.

malgré la condamnation pénale. Mais les exemplaires des journaux qui devront être déposés, ne pourront plus être signés du gérant, si l'administration s'y oppose ; il s'en suit qu'il faudra nommer un nouveau gérant, pour le temps pendant lequel l'autre fera sa peine. En fait, il aura été suspendu de l'exercice de sa profession pendant une durée égale à son emprisonnement.

SECTION VIII

Patrons et chefs d'usine.

I. — Patrons

(*Contrat d'Apprentissage*)

La loi du 22 février 1831, relative au contrat d'apprentissage, a décidé, dans son article 6, que les individus ayant subi certaines condamnations seraient désormais incapables de recevoir des apprentis chez eux.

Tels sont :

1° *Les individus qui ont subi une condamnation pour crime.*

Que faut-il entendre par ces mots condamnation pour crime ? S'agit-il de la condamnation elle-même, de la peine prononcée, ou du fait qui l'a déterminée ? Ainsi considérera-t-on comme condamné pour crime l'individu que la cour d'assises a condamné à deux ans de prison pour un fait qualifié crime par l'accusation, mais dont la pénalité a été abaissée par suite d'une déclaration de circonstances atténuantes, ou bien, au contraire, faut-il décider qu'il n'y a condamnation pour crime qu'autant que la peine prononcée est une peine criminelle? Question longuement discutée; dans le silence de la loi, nous admettrons qu'il n'y à vraiment crime qu'autant que la peine prononcée est une peine criminelle ; donc les individus qui grâce à l'application des circonstances atténuantes ne seront punis que d'une peine correctionnelle, pourront avoir chez eux des apprentis.

2° *Ceux qui ont été condamnés pour attentats aux mœurs.*

Nous avons dit, à propos des lois sur l'enseignement, ce qu'il fallait entendre par attentat aux mœurs (1).

3° *Ceux qui ont été condamnés à plus de trois mois d'emprisonnement pour délits prévus par les articles* 388, 401, 405, 406, 407, 408, 423 *du Code pénal* (2).

Ici, contrairement aux deux autres cas, la loi fixe une durée minimum d'emprisonnement, au-dessus de laquelle l'incapacité est encourue.

Le but de la loi, dans ces trois paragraphes, a été d'éviter à des jeunes gens le contact journalier et continu avec des individus dont la moralité douteuse aurait pu avoir pour eux les plus fâcheux résultats.

La loi a pris soin d'indiquer quelle serait la durée de l'incapacité et à quelles conditions elle pourrait être levée.

---

(1) Voir page 142.

(2) Les délits visés par ces articles ont trait aux vols, à la banqueroute, à l'escroquerie, à l'abus de confiance et enfin (art. 423) à la vente avec faux poids et fausses mesures.

Elle pourra être levée par le préfet, sur l'avis du maire, quand le condamné, après l'expiration de sa peine, aura résidé pendant trois ans dans la même commune. A Paris les incapacités seront levées par le préfet de police.

II. — Chefs d'usine.

Une loi récente, la loi du 12 juin 1893, concernant l'hygiène et la sécurité des travailleurs dans les établissements industriels, a édicté un certain nombre de pénalités contre les contrevenants à ses dispositions. Cette loi prescrit des mesures ayant pour but d'éviter autant que possible les accidents et de procurer aux ouvriers les conditions hygiéniques nécessaires. Pour assurer l'exécution de ces mesures, l'article 9 décide que si après une première condamnation à l'amende pour contravention à la loi, les mesures de sécurité et de salubrité exigées n'ont pas été exécutées dans les délais fixés par le jugement de condamnation, un jugement du tribunal correctionnel peut ordonner la fermeture de l'établissement. Sanction sévère, mais nécessaire, comme étant le meilleur moyen de faire exécuter les dispositions de la loi.

Toutefois, ces décisions, si bonnes qu'elles puissent être, ne sont pas à l'abri de toute critique. D'abord, la fermeture de l'établissement est laissée à l'appréciation des juges : « le tribunal peut » ; il est à craindre qu'il néglige d'user de cette mesure. De plus, la loi n'est pas assez explicite ; elle n'indique pas quelle est la durée de la fermeture de l'établissement. Il ne peut, évidemment, s'agir que d'une fermeture momentanée ; mais une fermeture momentanée, si elle se prolonge pendant plusieurs mois, peut entraîner la ruine de l'industriel. Il eût été si simple, nous semble-t-il, de décider que la fermeture aurait lieu jusqu'au jour où les mesures de sécurité et d'hygiène exigées par la loi eussent été prises.

SECTION IX

Mandataires des producteurs aux halles de Paris.

La loi du 11 juin 1896 impose certaines conditions pour être mandataire des producteurs et expéditeurs des denrées alimentaires et pour vendre pour eux aux halles centrales de Paris. Parmi ces conditions, se trouve la suivante : *N'avoir subi aucune condamnation pénale ou disciplinaire portant atteinte à l'honorabilité.*

Que faut-il entendre par ces mots : condamnation pénale portant atteinte à l'honorabilité ? Il semble juste de décider qu'une condamnation à une peine de simple police ne peut avoir pour résultat d'empêcher celui qui l'a subie d'être nommé mandataire. Quant aux condamnations correctionnelles, faut-il dire que toutes entraînent comme conséquence l'impossibilité d'être mandataire, ou bien, au contraire, que certaines seulement ont cet effet ? Question délicate à résoudre, et dont les éléments de solution ne se trouvent pas dans les termes de la loi. Décider dans le second sens, c'est laisser un champ libre et bien vaste à l'arbitraire ;

admettre, au contraire, que toute condamnation correctionnelle entraînera cette incapacité, c'est être trop sévère. Dans le doute, nous nous arrêterons à la seconde solution, laissant aux autorités compétentes le soin de décider si, oui ou non, la condamnation prononcée porte atteinte à l'honorabilité de celui qui veut devenir ou qui est mandataire ; de déterminer si les mandataires remplissent les conditions exigées par la loi au moment de leur entrée en fonctions ; de les révoquer si pendant le cours de leur mandat ils viennent à être frappés d'une condamnation pénale portant atteinte à l'honorabilité ? L'article 5 de la loi décide qu'en cas d'infraction les mandataires seront frappés des peines disciplinaires, lesquelles seront prononcées par le préfet de police ou le préfet de la Seine et, en cas de radiation définitive, par le Ministre de l'Intérieur.

SECTION X

Capitaines. — Maîtres. — Patrons de navire.

La loi du 10 mars 1891, sur les accidents et collisions en mer, a prescrit certaines règles relativement aux feux à allumer la nuit et aux signaux à faire en temps de brume. La sanction des infractions à ces règles peut être une condamnation à l'amende et à l'emprisonnement et, dans certains cas, le retrait de la faculté de commander.

C'est ce qui a lieu si, à la suite d'une infraction aux règles sur les feux et les signaux, un abordage s'est produit, dont la suite a été la perte du navire, les blessures, ou la mort d'une ou plusieurs personnes; le capitaine, le maître, le patron ou l'officier de quart, est alors condamné à l'amende et à l'emprisonnement, de plus le retrait de la faculté de commander peut être prononcé contre lui, pour trois ans au plus. Ce n'est pas une obligation pour le tribunal, c'est une faculté; de même la durée du retrait de la faculté de commander varie entre un jour et trois ans; aux juges d'apprécier, suivant les circonstances, la pénalité à appliquer.

La même loi prévoit un autre cas du retrait de la faculté de commander, qui peut être définitif; c'est lorsqu'après un abordage, le capitaine, le patron, le maître d'équipage, l'officier de quart n'a pas fait tout ce qu'il a pu pour sauver le bâtiment, l'équipage et les passagers en danger.

SECTION XI

Fabricants et vendeurs des matières d'or et d'argent

En principe le commerce et la fabrication des matières d'or et d'argent est libre, aucune condition spéciale de capacité n'est exigée. Toutefois, comme les matières d'or et d'argent sont soumises au contrôle de l'État, la loi du 19 brumaire an VI, à laquelle il faut ajouter celle du 25 janvier 1884, a établi certaines conditions auxquelles le fabricant et le commerçant doivent se soumettre. S'ils viennent à les enfreindre la loi les punit d'une amende et, en cas de récidive, à la troisième condamnation, elle leur fait interdire l'exercice de leur profession (Art. 80 de la loi de brumaire et Art. 9 de la loi de 1884).

Donc trois condamnations successives pour de simples contraventions auront pour conséquence d'empêcher un individu de faire le commerce ou de fabriquer des objets d'or ou d'argent.

Il est à remarquer que ce n'est pas une faculté, mais une obligation pour le juge de prononcer cette incapacité. « Le commerce et la fabrication seront interdits » tels sont les termes de la loi de 1884 ; et la loi de brumaire dit : « Seront à la troisième condamnation, interdits... »

La même incapacité prononcée dans les mêmes circonstances frappe encore ceux qui vendraient pour fins des ouvrages en or ou en argent faux (Art. 81, loi de brumaire). Elle atteint aussi les joailliers qui auraient mêlé dans les mêmes ouvrages des pierres fines et des pierres fausses sans le déclarer à l'acheteur, les fabricants de plaqué ou de doublé qui ne sont pas conformés aux dispositions de la loi pour la fabrication, et enfin ceux qui auraient gardé ou exposé des objets marqués de faux poinçons (1).

SECTION XII

Ventes en gros des denrées alimentaires dans la ville de Paris.

La vente en gros des denrées alimentaires dans la ville de Paris ne peut, depuis le décret du 23 janvier

(1) Si un ouvrage d'or, d'argent ou de vermeil est poinçonné à un

1878, être effectuée que par certains individus remplissant les conditions requises par le décret. Il faut, pour être facteur, — c'est le terme employé par la loi, — être inscrit sur un registre tenu à cet effet au greffe du Tribunal de commerce de la Seine. Or, l'inscription n'est pas accordée indifféremment à qui que ce soit, ainsi que l'indique l'article 3 du décret. Sans parler des formalités exigées, du serment qui doit être prêté, du certificat qui doit être délivré, il nous suffit de retenir le § 1 de l'article 3, le seul qui ait trait à notre étude. D'après ce paragraphe, nul ne peut être inscrit « *s'il ne jouit de la plénitude de ses droits civils* ». Il y a, là, une restriction fort grande apportée à la liberté généralement accordée au commerce. Sans rechercher les causes de cette exigeance de la loi, nous ne pouvons pas ne pas faire remarquer que, pour en être simples, les termes ne prêtent pas moins à discussion.

Ecartons tout d'abord un point qui, nous semble-t-il, ne saurait faire aucun doute. Le texte parle de la plénitude des droits civils; il faut donc que le Français qui se fait inscrire jouisse de tous ses droits sans aucune exception. La privation d'un seul de ses droits, quel qu'il soit, devrait nécessairement empêcher son inscription sur le registre à ce destiné. Nous admettons la même solution pour le cas où un individu déjà inscrit viendrait à perdre un de ses droits civils. La radiation devrait avoir lieu, puisqu'il n'est plus dans les conditions exigées par la loi et, partant, il ne pourrait plus

titre autre que le titre réel, l'essayeur à la troisième condamnation sera destitué. Art. 61, loi de Brumaire, an VI.

exercer sa profession. Il n'y a pas lieu de distinguer entre l'une et l'autre hypothèse.

Mais là où l'on peut discuter, c'est quand il s'agit de savoir ce qu'il faut entendre par « droits civils ». Si nous nous reportons au Code civil pour savoir ce que sont les droits civils, nous trouvons l'art. 8 ainsi conçu : « Tout Français jouira des droits civils. » Ces droits sont donc ceux compris dans le présent code. D'autre part, l'article 7 du même Code décide : « L'exercice des droits civils est indépendant de l'exercice des droits politiques ». Sans doute, il faut faire une distinction entre l'exercice et la jouissance d'un droit ; on peut jouir d'un droit et ne pas pouvoir l'exercer ; mais, dans l'hypothèse qui nous occupe cette distinction importe peu. Nous recherchons si les termes du décret s'appliquent seulement aux droits civils proprement dits, ceux compris dans le Code civil, ou si, au contraire, il faut faire une extension du mot « droits civils » et comprendre sous cette rubrique les droits politiques et civiques.

L'interprétation stricte des termes du décret conduirait à décider qu'il ne s'agit que des droits civils proprement dits et, pour soutenir cette théorie, l'argument de texte fourni par l'article 7 C. civ., est sans doute très fort. Toutefois, les lois ne doivent pas toujours être interprétées dans leur sens étroit et, de plus, il n'est pas juste, en toutes circonstances, de prendre les mots dans l'acception stricte que, pour la clarté de la discussion, les jurisconsultes leur donnent et avec raison.

Aussi pensons-nous que les mots « droits civils » doivent, dans cette hypothèse, être employés *lato sensu*, c'est-à-dire comprendre non seulement les droits civils mais encore les droits politiques et civiques. En effet, s'il en était autrement on verrait difficilement l'utilité de la disposition de la loi. Qu'importe, en effet, qu'un individu soit déchu de la puissance paternelle ou privé de quelqu'autre droit civil, cela l'empêche-t-il de pouvoir être un excellent facteur et de faire consciencieusement son métier ? On refuserait l'inscription sur les registres à un semblable individu alors qu'on l'accorderait à un autre privé de ses droits électoraux à la suite d'une condamnation pour vol ou pour vente de marchandises falsifiées ?

Et, pour revenir au point qui fait l'objet de notre étude, nous déciderons que tout individu privé de ses droits politiques, civiques et civils, à la suite d'une condamnation pénale (1), — c'est le cas de beaucoup le plus fréquent, — ou pour toute autre cause, ne pourra exercer la profession de facteur aux halles de Paris ; conséquence que n'avait pas prévu le Code ni les différentes lois qui privent les citoyens de leurs droits politiques ou civiques.

SECTION XIII

Courtiers en marchandises.

La loi du 18 juillet 1866 a décide, dans son article premier, que la profession de courtier en marchandises serait désormais libre ; auparavant on ne pouvait

(1) Voir les chapitres I et II qui indiquent les condamnations à la suite desquelles on perd ses droits politiques et civiques.

l'exercer que sous certaines conditions. Toutefois l'article 2 permet qu'il soit dressé, par le Tribunal de commerce, une liste des courtiers qui demandent à être inscrits. Ce même article exige de ceux qui font cette demande certaines conditions parmi lesquelles se trouve celle-ci : *Celui qui demande à être inscrit doit jouir de ses droits de citoyen français*. Cette disposition exclut non pas de la profession mais de la liste des inscrits tout individu qui, à la suite d'une condamnation pénale, aura été privé de ses droits politiques, civiques ou civils. Ici la loi s'est montrée beaucoup plus claire qu'elle ne l'a été dans le décret du 23 janvier 1878 sur les facteurs aux halles de Paris. Elle ne parle pas de droits civils, ce qui prête à discussion, mais de droits appartenant aux citoyens français, ce qui est beaucoup plus simple et plus compréhensif.

Connaissant, pour les avoir précédemment énumérées, les condamnations dont l'effet est de priver ceux qui les ont encourues de l'exercice et de la jouissance de leurs droits politiques, civiques ou civils (1), nous savons par le fait même quels individus ne peuvent être inscrits comme courtiers en marchandises. Toutefois, qu'on le remarque bien, il ne s'agit ici que des courtiers inscrits ; pour les autres, peu importe qu'ils ne jouissent pas de leurs droits de citoyen français, ils peuvent néanmoins exercer la profession, ils perdent seulement les prérogatives attachées à l'inscription, comme le droit de faire certaines ventes.

(1) Voir chapitres I, II et III.

SECTION XIV

Cafetiers. — Cabaretiers. — Débitants de boissons.

La loi du 17 juillet 1880, abrogeant le décret du 29 décembre 1851 sur les cafés, cabarets et débits de boissons a, dans l'intérêt de la santé et de la moralité publique, et afin de réprimer, autant que faire se peut, les progrès croissants de l'alcoolisme, interdit la profession de cafetier, cabaretier, débitant de boissons aux individus ayant subi certaines condamnations pénales, et longue est la liste des condamnations entraînant cette incapacité.

I. — Individus qui ne peuvent ouvrir un débit de boissons

L'article 6 de la loi de 1880 s'exprime en ces termes: Ne peuvent exploiter les délits de boissons à consommer sur place :

1° *Tous les individus condamnés pour crime de droit commun.*

La loi parlant des crimes de droit commun, elle exclut par le fait même de sa disposition les individus qui ont été condamnés pour crimes politiques.

Mais, pour savoir si un individu a été condamné pour crime, faut-il se référer à la peine encourue, ou bien, au contraire, au fait qui l'a déterminée ; suivant que l'on adopte l'une ou l'autre solution, on restreint ou on augmente la sphère d'application de la loi. Cette question est traitée ailleurs, nous y renvoyons (1).

2° *Ceux qui auront été condamnés à un emprisonnement d'un mois au moins pour vol, recel, escroquerie, filouterie, abus de confiance, recel de malfaiteurs, outrage public à la pudeur, excitation de mineurs à la débauche, tenue de maison de jeu, vente de marchandises falsifiées et nuisibles à la santé, conformément aux articles* 248, 330, 334, 379, 401, 405, 406, 407, 408, 410 *C. pén., et à l'art.* 2 *de la loi de* 1851.

La plupart des délits indiqués dans ce paragraphe sont ceux que les lois électorales ou sur le jury ont énumérés comme entraînant l'incapacité d'être électeur ou juré. La loi de 1880 en ajoute quelques-uns comme le recel d'objet et le recel de malfaiteurs. Toutes les fois donc qu'un tribunal, jugeant correctionnellement, aura condamné un individu pour un des délits ci-dessus énoncés, à plus d'un mois de prison, cet individu ne pourra plus ouvrir un débit de boissons à consommer sur place.

Quelle sera la durée de cette interdiction ? Sera-t-elle perpétuelle ou temporaire ? La loi elle-même a fait la distinction dans son article 6, *in fine*.

L'incapacité sera perpétuelle à l'égard de tous les individus condamnés pour crime; et il faut dire que cette incapacité subsistera aussi longtemps que le condamné n'aura pas été réhabilité ou amnistié; la grâce, et moins encore la prescription de la peine, ne seraient suffisantes pour lui rendre la capacité perdue.

---

(1) Voir la solution adoptée, page 173.

L'incapacité cessera cinq ans après l'expiration de leur peine à l'égard des condamnés pour délits, si, pendant ces cinq années, ils n'ont encouru aucune condamnation correctionnelle à l'emprisonnement. La durée de l'incapacité n'est donc plus ici que de cinq ans; toutefois la loi y met une condition : elle a fixé ce délai comme un temps d'épreuve; le condamné pour les délits prévus à l'article 6, ne doit pas, pendant ces cinq années être condamné à nouveau à l'emprisonnement. Et la loi ne distinguant pas, il faut dire que toute condamnation correctionnelle à l'emprisonnement, si faible soit-elle, et pour quelque délit que ce soit, empêchera l'incapacité de cesser.

Une autre question se présente alors à l'esprit; cette seconde condamnation aura-t-elle pour effet d'entraîner une incapacité absolue, ou bien sera-t-elle le point de départ d'un nouveau délai de cinq ans pendant lequel le condamné ne pourra exercer la profession de débitant de boissons? La loi est muette à ce sujet, mais dire qu'une seconde condamnation correctionnelle à l'emprisonnement aura pour conséquence d'entraîner une incapacité absolue nous semble beaucoup trop rigoureux. Nous admettrons donc que cette seconde condamnation est le point de départ d'un nouveau délai de cinq ans, lequel étant expiré sans condamnation, l'incapacité cessera.

II. — Individus qui ne peuvent plus exploiter

La loi de 1880 a pris soin de nous dire, dans son article 7, que « *les mêmes condamnations lorsqu'elles seront prononcées contre un débitant de boissons à consommer sur place, entraîneront de plein droit contre lui et pendant le même délai, l'interdiction d'exploiter un débit à partir du jour où les condamnations seront devenues définitives.* »

Il s'agit ici de l'individu qui est déjà débitant ; les mêmes condamnations que celles prévues à l'article 5 ont pour effet de le rendre incapable, et cela de plein droit, de continuer son commerce, pour toujours, s'il a été condamné pour crime, pour un délai de cinq ans seulement, s'il a été condamné, pour un des délits prévus, à plus d'un mois de prison.

Le paragraphe 2 de l'article 7 contient une autre incapacité provenant d'une condamnation non prévue à l'article 5 ; la même interdiction de tenir un débit de boissons atteindra aussi tout débitant qui viendra à être condamné à un mois au moins d'emprisonnement en vertu des articles 1 et 2 de la loi du 23 janvier 1873 sur la répression de l'ivresse publique.

Il s'agit, dans l'article 1 de la loi de 1873, du récidiviste qui, dans les douze mois, aura été trouvé en état d'ivresse manifeste, dans les rues, chemins, places, cafés, cabarets et autres lieux publics.

L'article 2 de cette même loi a trait au cabaretier qui, ayant été condamné en police correctionnelle pour ivresse publique, depuis moins d'un an, s'est de nouveau rendu coupable du même délit.

Enfin, le § 3 de l'art. 7 de la loi de 1880 ajoute : « *Le débitant interdit ne pourra être employé à quelque titre que ce soit dans l'établissement qu'il exploi-*

tait comme attaché au service de celui auquel il aurait vendu ou loué ou par qui il aurait fait gérer ledit établissement ni dans l'établissement qui serait exploité par son conjoint même séparé. »

Décision sévère mais nécessaire, sans laquelle la loi n'aurait pas atteint son but ; l'incapable aurait toujours pu, en effet, trouver un prête-nom à qui vendre ou louer son établissement en en restant le gérant. La loi a évité cet inconvénient en excluant d'une manière absolue le condamné de l'établissement qu'il exploitait avant sa condamnation.

La loi du 23 janvier 1873 prévoit certaines condamnations à la suite desquelles le tribunal correctionnel peut faire fermer un établissement de débits de boissons, ou interdire au débitant de délivrer et de vendre des boissons à consommer sur place. Il faut, pour cela, que le débitant ait subi deux condamnations en police correctionnelle pour avoir donné à boire à des gens manifestement ivres ou les avoir reçus dans son établissement, ou avoir servi des liqueurs alcooliques à des enfants âgés de moins de seize ans (1).

---

(1) La première condamnation en police correctionnelle suppose déjà une récidive du même délit, puni pour la première fois d'une peine de simple police (Art. 4 et 5).

CHAPITRE V

DES MOYENS QUI PERMETTENT AUX JUGES D'ÉVITER CERTAINES CONSÉQUENCES DES CONDAMNATIONS PÉNALES

Nous avons énuméré, aussi complètement que possible, dans quatre chapitres différents, les incapacités et les déchéances pouvant résulter des condamnations pénales, en particulier des condamnations correctionnelles. Et nous avons été obligé de reconnaître, au cours de cette étude, que, dans bien des cas, l'incapacité ou la déchéance, conséquence de la condamnation pénale, était plus sévère que la pénalité attachée au délit. Etat de choses évidemment regrettable dont l'explication néanmoins est facile à saisir.

Presque toutes ces incapacités résultent de lois postérieures au Code civil, votées, le plus souvent, sous une influence politique momentanée, ou bien encore nécessitée par des événements imprévus (1). Utiles à l'épo-

(1) Bien évidemment nous ne voulons pas dire que les lois déterminant ceux qui n'auront plus la jouissance de leurs droits politiques

que de leur rédaction elles ont pu, par la suite, perdre de leur utilité et de leur valeur.

Il existe, dans la vie d'un peuple, à de certains moments, une poussée fatale, presque irrésistible, entraînant tous les esprits vers un but, vers une idée. Les plus calmes d'ordinaire s'éprennent alors d'un mot et croient volontiers améliorer la société par le vote d'une loi. Cette loi est alors votée sans la réflexion voulue, sans que ceux qui ont donné leur suffrage aient aperçu les conséquences de leur vote, sans qu'ils aient vu l'arme puissante, souvent autant qu'injuste, qu'est un mot placé au hasard sans signification apparente dans un texte de loi. La pratique plus tard l'y découvre et les législateurs sont fort surpris de voir tirer de la loi qu'ils avaient votée une conséquence à laquelle ils n'avaient pas songé.

Ces lois, faites à la hâte, infligeant peines et incapacités, souvent disproportionnées à la faute, le magistrat peut-il par les simples moyens à lui accordés par les textes en atténuer les conséquences et rester dans la légalité ?

Sans doute, aujourd'hui, le juge n'est pas absolument impuissant à cet égard ; il n'est pas l'exécuteur rigide de la loi, celui qui, même contre sa conscience, est obligé d'appliquer cette loi sévère dont peut-être il réprouve la sévérité même.

---

ou de certains de leurs droits civiques, tels que le droit d'être juré, aient été votées ainsi et aient constitué des nouveautés lors de leur apparition ; ces lois sont anciennes et ont subi des remaniements successifs.

L'application des circonstances atténuantes, la loi sur l'atténuation et l'aggravation des peines lui permettent, dans bien des cas, d'éviter au condamné toutes ou certaines des conséquences qu'entraînent les condamnations à une peine d'emprisonnement correctionnel.

§ I. — CIRCONSTANCES ATTÉNUANTES

Si, à l'époque actuelle, les juges peuvent, dans certaines limites, atténuer l'effet des condamnations, il n'en a pas toujours été ainsi; et si nous nous reportons à l'époque de la rédaction du Code pénal, nous voyons qu'alors le juge était enserré étroitement dans des termes d'une rigidité absolue.

Qu'était-ce, en effet, que l'article 463 primitif ? A quels faits s'appliquaient les circonstances atténuantes ? Aux délits seulement et dans le cas où le préjudice n'excédait pas 25 francs. On laissait donc en dehors de ce régime d'indulgence tous les crimes qui peuvent aujourd'hui, grâce à la déclaration des circonstances atténuantes, n'entraîner que des pénalités correctionnelles, et tous les délits — c'était le plus grand nombre — dont le préjudice excédait 25 francs.

C'est la loi du 25 juin 1824 qui transporta le système de l'article 463 en matière criminelle et autorisa la Cour, — non le jury —, à faire application des circonstances atténuantes pour certains crimes seulement (1)

(1) Les crimes prévus par la loi de 1824 sont :

1° L'infanticide lorsqu'il est commis par la mère.

2° Les coups et blessures quand l'incapacité de travail qui en est résultée est de plus de vingt jours.

3° Le vol accompagné de différentes circonstances aggravantes, —

et par rapport aux individus qui ne seraient ni vagabonds, ni récidivistes.

Il y avait, là, un véritable progrès dans le sens, non de l'indulgence, mais de l'équité ; il n'est pas juste, en effet, de condamner un individu à une peine sans tenir compte des circonstances qui ont accompagné l'acte criminel et des motifs qui l'ont déterminé.

Lors de la révision du Code pénal, en 1832, le système des circonstances atténuantes a été généralisé et appliqué à tous les crimes. De plus, ce seront désormais les jurés qui détermineront, s'il y a, ou non, lieu d'accorder les circonstances atténuantes quel que soit le crime ; la Cour devra abaisser la pénalité toutes les fois qu'une déclaration de circonstances atténuantes aura été faite par les jurés.

Enfin, la loi du 13 mai 1863 est venue réglementer d'une façon précise l'application des circonstances atténuantes. C'est sous son régime que nous vivons actuellement. Il y a lieu, toutefois, d'indiquer les modifications importantes du décret du 27 novembre 1870 et de la loi du 21 octobre 1888.

Le décret du 27 novembre 1870 permet aux tribunaux correctionnels, même en cas de récidive, de réduire l'emprisonnement même au-dessous de six jours, et l'amende même au-dessous de 16 francs. Ils pourront aussi prononcer séparément l'une ou l'autre de ces

---

vol commis sur les grands chemins, vol avec escalade et effraction, vol commis dans les hypothèses prévues par l'art. 386 C. pén. —

Dans ces derniers cas la loi fixe, en outre, la pénalité qui devra être appliquée; par conséquent la Cour ne pouvait abaisser la pénalité au-dela des termes fixés par la loi.

peines et même substituer l'amende à l'emprisonnement, sans qu'en aucun cas elle puisse être au-dessous des peines de simple police. Cette dernière disposition nous intéresse tout particulièrement, qui permet de substituer l'amende à l'emprisonnement; grâce à elle, en effet, les juges peuvent éviter aux condamnés les incapacités et les déchéances résultant des condamnations à l'emprisonnement. Telle est, par exemple, l'hypothèse prévue au § 5 de l'article 15 du décret du 2 février 1852, sur l'élection des députés. Il est dit, à ce paragraphe, que tout individu condamné pour vol, escroquerie, abus de confiance, attentat aux mœurs, à une peine correctionnelle d'emprisonnement, perdra ses droits politiques. Si donc, au lieu de le condamner à 6 jours de prison, les juges abaissent la pénalité d'un degré et substituent l'amende à l'emprisonnement, l'incapacité prévue au § 5 ne sera plus encourue.

Quant à la loi du 26 octobre 1888 elle décide que, dans le cas où l'amende aura été substituée à l'emprisonnement, conformément au décret de 1870, et si l'emprisonnement est la seule peine prononcée par l'article dont il est fait application, le maximum de cette amende sera de trois mille francs. Cette disposition n'est que le correctif nécessaire de la loi du 27 novembre 1870. Il était juste d'élever le maximum de l'amende contre l'individu qui a le bénéfice d'éviter la prison.

Tels sont, historiquement, les différentes phases qu'a subies l'institution des circonstances atténuantes. Il nous a donc fallu soixante années, nous servir des règles inscrites au Code pénal et les appliquer pour comprendre qu'il y avait une lacune à combler à ce point de vue et qu'il n'était pas conforme à la vraie justice de prononcer des peines identiques contre tous les auteurs d'un fait identique sans tenir compte de l'individu et de l'influence du milieu.

Après avoir sommairement étudié l'historique des circonstances atténuantes et comment, peu à peu, elles ont pris place dans notre Code pénal, il nous reste à voir la façon dont les juges peuvent les appliquer et quelles ressources elles leur fournissent pour éviter aux condamnés certaines peines et certaines conséquences de ces peines.

Pour les crimes, comme pour les délits, le jury ou les juges n'ont pas à indiquer les circonstances reconnues par eux comme atténuantes ; le jury déclare : « à la majorité, il existe des circonstances atténuantes » ; et les juges : « attendu qu'il existe des circonstances atténuantes ».

L'article 463 s'applique à tous les crimes prévus ou non par le Code pénal, alors qu'au contraire, les circonstances atténuantes ne s'appliquent en principe qu'aux délits et aux contraventions prévues par le Code pénal. Pour qu'il y ait lieu de les appliquer aux délits et aux contraventions édictés par des lois spéciales, il faut que ces lois indiquent elles-mêmes que l'article 463 est applicable. Aussi trouve-t-on cette formule, ou toute autre analogue, dans les derniers articles d'une loi : « l'article 463 est applicable aux infractions prévues dans la présente loi ».

Pour les peines criminelles, la déclaration des circonstances atténuantes a deux effets : l'un obligatoire, — c'est l'abaissement de la peine d'un degré, — l'autre, facultatif,— c'est le pouvoir donné aux juges d'abaisser de deux degrés —. Nous n'insisterons pas sur l'application des circonstances atténuantes aux peines criminelles, ni sur les restrictions apportées par la loi aux principes indiqués (1). Il importe peu, en effet, au point de vue où nous nous plaçons, qu'un délinquant soit condamné aux travaux forcés ou à la réclusion ; les conséquences de l'une ou de l'autre peine, au point de vue des droits politiques, civiques et de famille étant toujours les mêmes; la peine de criminelle deviendrait-elle correctionnelle, cela ne l'empêcherait pas d'être privé de ces mêmes droits (2).

Presque toutes les lois qui enumèrent les peines à la suite desquelles certaines incapacités ou déchéances sont encourues ont un paragraphe décidant que les individus condamnés à une peine correctionnelle par application de l'article 463 C. pén. encourent la même incapacité que s'ils avaient été condamnés à une peine afflictive et infamante.

Quant aux condamnations correctionnelles, le sys-

---

(1) Voir paragraphes 7 et 8 de l'article 463.

(2) Cette décision n'est pas vraie d'une manière absolue. C'est ainsi que le conjoint de l'individu frappé d'une peine afflictive et infamante obtient son divorce *de plano*. Si, grâce à une déclaration de circonstances atténuantes, l'accusé n'encourt qu'un emprisonnement correctionnel, le divorce pourra bien être accordé si les tribunaux estiment que cette condamnation, ou plutôt le fait qui l'a motivée, constitue une injure grave, mais aussi ils pourront le refuser. De même, l'individu condamné à une peine afflictive et infamante est exclu de l'armée en vertu de l'article 4 de la loi du 15 juillet 1889. S'il avait été condamné à une peine correctionnelle d'emprisonnement, par application de l'article 463, il aurait seulement té envoyé aux bataillons d'infanterie légère d'Afrique.

tème d'atténuation est différent puisqu'il n'existe pas une échelle de peines.

Si la peine prononcée par la loi est un emprisonnement, le juge peut, par une déclaration de circonstances atténuantes, ou réduire la peine à un emprisonnement inférieur à 6 jours et jusqu'à 1 jour, ou même la remplacer par l'amende. Si la peine prononcée est une amende, le juge peut en abaisser la quotité jusqu'à un franc, minimum de la peine de simple police. Enfin, si la loi prononce l'une et l'autre peine, le juge peut n'en prononcer qu'une et l'abaisser jusqu'au minimum de un jour d'emprisonnement et de un franc d'amende.

Une question reste à élucider et, suivant qu'elle sera résolue dans un sens ou dans un autre, elle enlèvera ou donnera de l'intérêt au point de vue qui nous occupe. Un individu a commis une infraction que la loi punit d'une peine correctionnelle; par suite de l'application des circonstances atténuantes, la peine prononcée se trouve être inférieure à six jours de prison ou à seize francs d'amende. Doit-on dire que cet individu a été condamné à une peine correctionnelle et lui faire subir toutes les conséquences attachées à une semblable condamnation — perte des droits politiques, civiques ou civils — ou bien faut-il dire que la peine est de simple police ? Pour nous, nous croyons que c'est la peine prononcée qui doit être le critérium auquel on doit se référer pour savoir s'il y a délit ou contravention. Donc, dans le cas où la peine d'une infraction eût été une peine correctionnelle sans l'application des circonstances atténuantes, si par leur application cette peine n'est plus que de simple police, il n'y aura pas lieu d'appliquer au délinquant les conséquences — déchéances ou incapacités — que lui aurait fait encourir une condamnation correctionnelle.

Les juges pourront donc, grâce à l'application judicieuse des circonstances atténuantes, abaisser la pénalité au-dessous du minimum qui fait de l'infraction un délit et éviter, par ce moyen fort simple, les conséquences, souvent très sévères, des condamnations correctionnelles. Ce n'est pas le lieu de reprendre, ici, l'énumération de toutes les déchéances ou de toutes les incapacités qui sont encourues à la suite d'une condamnation correctionnelle et que l'application des circonstances atténuantes fera disparaître. Il nous suffisait d'indiquer le principe sans en marquer toutes les conséquences.

§ II. — LOI SUR L'ATTÉNUATION ET L'AGGRAVATION DES PEINES

A côté des circonstances atténuantes, une loi plus récente et dont le vote a fait grand bruit, la loi du 26 mars 1891 sur l'atténuation et l'aggravation des peines, — plus connue sous le nom de la loi Bérenger, du nom de son auteur —, est venue permettre au juge, quand il y a lieu et au profit des condamnés à des peines correctionnelles ou de simple police, de suspendre l'application de la peine, sous cette condition que, pendant une durée de cinq années, ils n'aient encouru aucune poursuite suivie de condamnation à l'emprisonnement ou à une peine plus grave, pour crime ou délit de droit commun. Il faut, en outre, et avant tout, pour que le juge puisse lui faire application de la loi, que l'individu condamné n'ait encouru, auparavant, aucune autre condamnation.

A supposer ces deux conditions réunies — et l'hypothèse est fréquente — la condamnation, amende ou emprisonnement, ne sera pas exécutée et toutes les conséquences pouvant en résulter ne seront pas encourues.

Toutefois l'article 2 vient apporter une restriction au principe général. Cet article décide, en effet, que la suspension de la peine ne comprend pas les peines accessoires et les incapacités résultant de la condamnation. Cependant ces peines accessoires et ces incapacités cesseront d'avoir effet au jour où, par application des dispositions de l'article 1, la condamnation aura été réputée non avenue. D'où il suit que, pendant la période de cinq ans fixée par la loi comme un temps d'épreuve, les incapacités et les déchéances seront encourues comme si la peine avait été exécutée (1). A tel point que l'administration militaire s'est toujours refusée à incorporer dans les régiments métropolitains les condamnés avec bénéfice de la loi Bérenger et qu'unc loi spéciale fut nécessaire, ainsi que nous l'avons vu (2) pour remédier à cet état de chose.

Ce ne sera donc que cinq ans après la première condamnation, non suivie d'une nouvelle condamnation, que celui qui a bénéficié de l'application de la loi Bérenger sera à nouveau pleinement capable, jouira de tous ses droits politiques et civils, en un mot sera réhabilité de plein droit.

Voici donc encore un moyen très simple et plus

---

(1) Les condamnés avec sursis perdront donc pour une période de cinq ans la jouissance et l'exercice de leurs droits civils, civiques et politiques que la peine prononcée leur aurait fait perdre si elle avait été exécutée.

(2) Voir page 5o.

fécond que le précédent permettant aux juges d'éviter aux coupables dignes d'intérêt la privation perpétuelle — ou tout au moins jusqu'à la réhabilitation — de certains droits politiques, civils ou civiques. Qu'un majeur de seize ans, encore honnête, mais entraîné par une fréquentation dangereuse, ait commis un vol, les circonstances atténuantes ne pouvant, par hypothèse, être appliquées, il sera condamné à la prison. Ce n'est pas en prison qu'il fera de sages réflexions, il a beaucoup de chances, au contraire, de s'y pervertir. Si les juges lui font l'application de la loi Bérenger, il y a lieu d'espérer qu'averti il ne recommencera pas. Non seulement il n'ira pas en prison, mais encore il n'encourera pas toutes les incapacités déjà énumérées, son casier judiciaire sera intact, il pourra faire partie de l'armée métropolitaine, être électeur, juré, etc., etc.

Tels sont les moyens mis par la loi à la disposition du juge et qui lui permettent d'éviter aux condamnés plus malheureux que coupables les conséquences, souvent trop sévères, d'une condamnation pénale. Il nous suffisait d'indiquer ces moyens sans entrer dans une étude approfondie des circonstances atténuantes et de la loi Bérenger. C'eût été sortir du cadre que nous nous étions tracé au risque de n'étudier qu'imparfaitement ces deux institutions.

Mais ces moyens mis à la disposition des juges sont-ils suffisants? Nous ne le pensons pas. Ce sont les seuls existants dans notre législation actuelle, les seuls donc dont on puisse s'occuper.

CHAPITRE VI

DES CRIMES ET DES DÉLITS COMMIS PAR DES FRANÇAIS A L'ÉTRANGER

Il est un principe universellement admis en droit pénal, c'est que la condamnation passée en force de chose jugée à l'étranger, pour infractions commises hors le territoire, met obstacle à une poursuite ultérieure de la part des tribunaux français et n'a, de plus, aucun effet en France.

Nous verrons donc se produire ce fâcheux résultat : un Français, condamné pour crime ou délit à l'étranger, reviendra en France après avoir échappé à la justice du pays où il a commis son crime et jouira chez nous de toutes les prérogatives attachées à la qualité de citoyen français. Pourtant, le fait ne reste-t-il pas le même, qu'il ait eu lieu au-delà de la frontière au lieu de s'être passé en-deçà ; la moralité des actes ne varie pas, du moins chez les peuples civilisés, avec les degrés de latitude.

Néanmoins, dans l'état actuel de nos lois, nous sommes obligés d'accepter cette solution, si mauvaise soit-elle, et la Cour de cassation, appelée à statuer sur un cas de cette nature, décida que l'individu condamné à l'étranger pour crime ou délit jouissait à son retour en France de l'intégralité de ses droits (1).

Le seul moyen de remédier à cette fâcheuse situation est de réformer la législation.

Cependant, si l'action publique ne peut pas être exercée dans de pareilles circonstances, il est juste de remarquer que d'autres moyens restent ouverts qui permettent, dans certains cas, d'atteindre les Français condamnés à l'étranger.

En premier lieu, il y a l'action disciplinaire, dont le champ d'action n'est pas restreint dans des termes aussi formels que la loi pénale. Les chambres de discipline (notaires, avoués, avocats, Légion d'honneur, etc.) peuvent prononcer une suspension ou une destitution contre celui de leurs membres qui a encouru une condamnation à l'étranger. C'est bien là un remède, mais insuffisant puisqu'il ne s'adresse qu'à une faible partie des citoyens et qu'il ne peut s'attaquer à toutes les incapacités qu'entraînent les condamnations.

On trouve ensuite certaines lois spéciales, trop peu nombreuses, qui ont prévu l'hypothèse d'une condam-

---

(1) Cass., 14 avril 1868. — D. P., 1868. I. 262.
Revue de droit international, 1869, p. 99.
Revue de droit international, 1894, p. 209. — Des crimes et des délits commis par des Français à l'étranger. — Le Poittevin.
Admettent la même solution :
Weiss : *Traité élémentaire de droit international*, p. 434.
Bressolles : *Questions de droit international*.

nation prononcée à l'étranger contre un Français.

La loi du 30 novembre 1892, sur l'exercice de la médecine, après avoir énuméré dans son article 25 les crimes et les délits qui entraînent la suspension temporaire ou l'incapacité absolue d'exercer la profession, ajoute : « En cas de condamnation prononcée à l'étranger pour un des crimes ou des délits ci-dessus spécifiés, le coupable pourra également, à la requête du ministère public, être frappé par les tribunaux français de suspension temporaire et d'incapacité de l'exercice de sa profession. »

La loi du 24 juillet 1889, sur la protection des enfants maltraités et moralement abandonnés, permet d'arriver à un résultat à peu près analogue. Sans doute elle ne décide pas que la condamnation d'un père ou d'une mère prononcée par un tribunal étranger entraînera la déchéance de la puissance paternelle; mais les faits qui ont déterminé cette condamnation à l'étranger permettent le plus souvent aux tribunaux français de faire perdre la puissance paternelle aux parents indignes. L'art. 2-6° décide, en effet, que la déchéance pourra être prononcée : « si par leur inconduite notoire et scandaleuse, ou par de mauvais traitements, ils (les pères et mères) compromettent soit la santé, soit la sécurité, soit la moralité de leurs enfants. » Dans ces conditions, les tribunaux français, pour enlever la puissance paternelle aux parents indignes, argueront non pas tant de la condamnation que des faits qui l'ont motivée, et le but sera atteint.

Ce n'est là qu'un moyen détourné et d'une application fort restreinte.

Pour arriver à une solution plus logique et plus conforme à la justice, il suffirait de généraliser la décision de la loi du 30 novembre 1892; de donner dans tous les cas au ministère public le droit de poursuivre les individus condamnés à l'étranger pour faire prononcer contre eux, par les tribunaux, les déchéances et les incapacités qui les auraient frappés s'ils avaient été condamnés en France. Cette action en déchéance que prononceraient ainsi les tribunaux français ne serait pas un exequatur de la condamnation étrangère, mais une nouvelle instance; les juges auraient à infliger les « incapacités écrites dans la loi française, celles qui eussent été encourues si le fait visé dans la déclaration de culpabilité hors de France avait été jugé en France (1). »

Ce système, assez simple comme fonctionnement, a de plus l'avantage de ne pas violer le principe qu'un délinquant ne doit pas être poursuivi deux fois pour le même fait.

Si nos lois sont muettes sur cette grave question, il n'en est pas de même à l'étranger où le problème a déjà reçu une solution, ou est sur le point d'en recevoir une.

§ I. — SUÈDE

La loi pénale du royaume de Suède de 1864, chapitre 2, § 21, s'exprime à peu près en ces termes : « Lorsqu'un individu aura été puni hors du royaume

(1) Le Poittevin : *op. cit.*

pour une infraction, et sera par conséquent, suivant le chapitre I, § 3, exempt de punition dans ce royaume, la destitution ou la peine accessoire mentionnée au § 15 ou 19 pourra toutefois être prononcée contre lui si l'infraction emporte pareille destitution ou peine accessoire d'après cette loi. »

§ II. — **ALLEMAGNE**

Le Code pénal de l'empire d'Allemagne dit en substance : « Toutes les fois qu'un Allemand aura été puni en pays étranger pour un crime ou un délit emportant ou pouvant emporter, d'après les lois de l'empire d'Allemagne, la privation des droits civiques en général, ou de certains droits civiques en particulier, la poursuite pourra être reprise à l'effet de faire prononcer la privation de ces droits. »

§ III. — **HONGRIE**

Le Code hongrois des crimes et des délits s'exprime ainsi : « Si un sujet a commis hors du territoire de l'Etat hongrois un acte contre lequel le présent Code prononce la destitution d'emploi ou la suspension de l'exercice des droits politiques, il y aura lieu d'intenter des poursuites pour faire appliquer les peines accessoires, alors même que la peine aura déjà été subie en pays étranger ou qu'elle aurait été remise par les autorités compétentes de ce pays. »

§ IV. — ITALIE

L'article 7 du Code pénal italien est dans les mêmes idées, mais il donne un exequatur à la sentence prononcée à l'étranger plutôt qu'il n'édicte une déchéance. « Néanmoins si contre l'Italien, à raison d'un délit commis à l'étranger, autre que les infractions indiquées au nº 1 du présent article, a été prononcée à l'étranger, une condamnation qui, suivant la loi italienne, emporterait comme peine ou comme conséquence pénale l'interdiction des emplois publics ou une autre incapacité, l'autorité judiciaire, sur l'initiative du ministère public, peut déclarer que la sentence prononcée à l'étranger entraîne dans ce royaume l'interdiction ou l'incapacité susdite sauf au condamné le droit de demander qu'avant de statuer sur les réquisitions du ministère public la procédure suivie à l'étranger soit recommencée. »

§ V. — CANTON DE NEUCHATEL

Le Code pénal du canton de Neuchâtel est encore plus radical : « Tout délit emportant une des incapacités prévues aux articles 31, 33, 35, 36 (1) du présent Code a cette conséquence même si la condamnation à ces peines accessoires a été prononcée par le tribunal d'un autre canton ou d'un Etat étranger lié avec la Suisse par un traité d'extradition. »

---

(1) ARTICLE 31. — Privation des droits civiques.
ARTICLE 33. — Privation de la puissance paternelle.

§ VI. — **SUISSE**

L'article 30 du projet du Code pénal suisse suit les mêmes errements : « Le tribunal prive de l'exercice de ses droits civiques pour une durée de cinq à quinze ans quiconque s'est, par un délit, rendu foncièrement indigne de la confiance publique... Cette mesure peut être également ordonnée contre un Suisse condamné à l'étranger pour délit. »

§ VII. — **AUTRICHE**

Le projet de revision de la législation pénale autrichienne décide que : « Si quelqu'un a été puni, hors du territoire où cette loi est en vigueur, pour un acte qui puisse entraîner les conséquences indiquées dans les §§ 40 et 43, sans être sujet à une punition ultérieure au sens du § 4, un nouveau procès peut être instruit à l'effet de connaître contre le coupable de l'admission de ces conséquences. »

§ VIII. — **RUSSIE**

Le Code pénal russe, dans son projet, est encore plus formel en décidant que les sujets russes qui ont subi à l'étranger une peine pour crime sont condamnés, après leur retour en Russie, par le tribunal russe, selon les règles de la procédure pénale spécialement prescrites dans ce but, à la privation des droits civiques et à la surveillance de la police. — Article 7.

En résumé, dans les différents Codes dont nous venons d'énumérer les dispositions relativement aux crimes et délits commis par les nationaux à l'étranger, nous trouvons la question résolue de trois manières différentes.

Les uns, et ce sont les plus nombreux, décident qu'il pourra y avoir à la suite de la condamnation pénale encourue à l'étranger une poursuite intentée, généralement à la requête du ministère public, ayant pour but de faire prononcer par les tribunaux les déchéances et les incapacités dont eût été frappé le condamné s'il l'avait été par la justice de son pays.

Un autre décide que les déchéances et les incapacités résultant de la condamnation existeront de plein droit sans poursuite ni jugement. Système adopté par le canton de Neuchatel ; système très expéditif mais trop radical puisqu'il ne laisse aucune liberté au pays dont on a condamné les nationaux.

Enfin, l'Italie admet que les condamnations prononcées à l'étranger recevront un exequatur des tribunaux italiens à la requête du ministère public et cet exequatur entraînera les incapacités prévues par les lois du pays.

Quel système adopterons-nous en France ? Celui de l'action en déchéance nous semble de beaucoup le meilleur et le plus simple. Par ce moyen, nous restons libres d'accepter ou non les conséquences d'un jugement prononcé à l'étranger contre un de nos nationaux.

Faisons remarquer d'ailleurs que, dans le projet de réforme du Code pénal français, il n'est nullement parlé de ce système ou de tout autre : la question est passée sous silence ; il serait à souhaiter pourtant que l'on insérât un article qui mît fin à cette situation anormale et injuste d'un individu, condamné pour crime à l'étranger, qui jouit, à son retour en France, de tous ses droits civils et politiques, et cela sans qu'il soit possible de les lui enlever.

CHAPITRE VII

COMMENT CESSENT LES INCAPACITÉS ET LES DÉCHÉANCES

La plupart des incapacités et des déchéances prononcées par les lois spéciales que nous avons étudiées sont perpétuelles. Sans doute quelques-unes ont une durée temporaire fixée par le législateur. Pour celles-là, pas de difficultés; le condamné reprend ses droits quand est écoulé le temps pendant lequel il en avait été privé.

Autre est le cas des incapacités perpétuelles. Il faut dire en principe qu'elles vivent aussi longtemps que le condamné et l'accompagnent partout.

Reste à voir si la loi, toute sévère qu'elle soit, n'a pas quelques adoucissements, et n'est-il pas possible au condamné d'obtenir légalement d'être relevé, quand sa peine est terminée, des incapacités et des déchéances qui le frappent ?

Trois mesures d'inégale efficacité sont admises dans notre Code pénal, qui permettent au condamné de voir sa peine remise ou sa condamnation effacée d'une manière absolue avec toutes ses conséquences.

Ce sont : la grâce, la réhabilitation et l'amnistie.

Sans entrer dans le détail de ces trois institutions, sans étudier leur fonctionnement respectif, il nous a semblé utile d'indiquer les conséquences de ces différentes mesures et jusqu'à quel point elles suppriment ou modifient les incapacités qui atteignent les condamnés.

I. — Grace

« La grâce est le pardon que le chef de l'Etat accorde à un condamné en lui faisant remise de toute ou partie de sa peine. »

C'est une mesure gracieuse que seul peut appliquer le Président de la République et qui a pour but soit de rectifier les erreurs judiciaires, soit d'adoucir ou de remettre les peines de certains condamnés.

Le décret de grâce n'a jamais pour effet d'anéantir toutes les conséquences de la condamnation. Ainsi donc l'individu condamné à deux ans de prison pour vol, par exemple, et qui est gracié reste néanmoins incapable d'exercer ses droits électoraux, d'être juré, etc.

La grâce reste également sans effet sur la dégradation civique. Un condamné à une peine afflictive et infamante perpétuelle, dégradé civiquement par le fait même, est gracié de sa peine : il reste soumis à toutes les incapacités que comporte la dégradation civique. De même pour la double incapacité de disposer ou de recevoir à titre gratuit par donation ou par testament frappant les condamnés qui, autrefois, encouraient la mort civile : elle subsiste malgré la grâce.

(1) Garraud. — *Précis de droit criminel*, n° 258.

La grâce ne saurait non plus faire cesser, soit directement soit indirectement, la déchéance résultant de l'interdiction à temps de certains droits civiques, civils et de famille que les tribunaux peuvent prononcer aux termes de l'article 42 (1).

En un mot, la grâce peut bien effacer les condamnations, mais elle laisse subsister toutes les incapacités et les déchéances qui en sont la conséquence.

Une question se pose alors. Le Président de la République pourrait-il, par un décret de grâce, supprimer ces incapacités et ces déchéances ? Nous ne le pensons pas. M. Garraud en donne cette raison : « Donner « au Président de la République le droit de faire disparaître ces déchéances par un simple décret de grâce, « ce serait en effet lui permettre tout à la fois d'abolir la « condamnation, c'est-à-dire d'accorder une amnistie « individuelle, acte qui est en dehors de ses pouvoirs, et « de rendre inutile la réhabilitation dont la procédure a « été précisément créée pour faire cesser dans la per- « sonne du condamné, toutes les incapacités qui résul- « tent de la condamnation C. I. C., art. 634 (2). »

II. — Réhabilitation

La réhabilitation est devenue, depuis la loi du 14 août 1885, un acte de l'autorité judiciaire ayant pour résultat d'effacer la condamnation elle-même et toutes

---

(1) Crim. Cass.: 30 janvier 1862. — D. P., 62. 1. 199. Aubry et Rau : tome I, p. 360.

(2) Garraud : Précis, p. 329, *in fine*.

ses conséquences. Le condamné, en effet, qui a subi sa peine ou qui l'a prescrite (1) reste néanmoins soumis à de nombreuses déchéances et incapacités ; pour les faire disparaître d'une manière absolue, la loi a mis un moyen à sa disposition : la réhabilitation.

La procédure en est longue et compliquée ; à supposer toutes les formalités remplies, quelles sont les conséquences de la décision judiciaire réhabilitant le condamné ?

Avant la loi de 1885, d'après l'art. 634 C. pén., « elle faisait cesser pour l'avenir, dans la personne du condamné, toutes les incapacités qui résultaient de la condamnation ». La loi de 1885 a complété cette rédaction en ajoutant ces mots : la réhabilitation efface la condamnation. Désormais, pour l'avenir seulement, le condamné sera considéré comme n'ayant jamais subi de peine. « Le condamné n'est pas replacé, comme le « faisait la loi romaine, dans l'état où il était avant sa « condamnation ; tous les effets encourus au moment de « l'exécution sont acquis soit à la société, soit aux tiers, « et deviennent irrévocables. Ce n'est que pour l'avenir « qu'il reprend toute sa capacité et tous ses droits (2). »

Voyons donc quelles sont les principales conséquences de la réhabilitation, quant aux incapacités et déchéances qui frappent le condamné.

---

(1) Une loi récente du 10 mars 1898 a permis à l'individu condamné qui a prescrit sa peine de se faire réhabiliter. Avant cette loi, la chose lui était totalement impossible. Désormais donc, tout condamné peut se faire réhabiliter.

(2) Faustin Hélie : *Traité de l'instruction criminelle*, t. VIII, n° 4103.

1° *Droits politiques.* — La réhabilitation a pour effet de rendre au condamné la jouissance et l'exercice de tous ses droits politiques et civiques. Désormais, il pourra être électeur et éligible, soit à la Chambre des députés, soit à un Conseil municipal, soit à un Tribunal de commerce. De même il pourra être inscrit sur la liste des jurés. En un mot, il recouvrera la capacité pleine et entière de citoyen français avec toutes les prérogatives qui y sont attachées.

2° *Droits publics.* — Les condamnations pour crimes et pour un certain nombre de délits rendent ceux contre qui elles ont été prononcées incapables d'exercer les fonctions publiques et privent les condamnés de leurs titres, grades et dignités. Ces incapacités cessent, pour l'avenir, par l'effet de la réhabilitation; c'est-à-dire que le condamné réhabilité peut, de nouveau, être investi de fonctions publiques, revêtu de certains grades et dignités; mais la réhabilitation n'ayant pas d'effets rétroactifs ne réintègre pas de plein droit le condamné dans les fonctions, grades et honneurs qui lui avaient appartenu avant sa condamnation. Ainsi, un fonctionnaire public ou un officier ministériel condamné pour un fait le rendant incapable d'exercer une fonction ou un office public pourra bien, après sa réhabilitation, être de nouveau nommé à ces mêmes fonctions, mais il ne recouvrera pas celles qu'il occupait avant sa condamnation.

Il a été jugé sous l'empire de l'art. 634 C. I. C. modifié par la loi du 14 août 1885, que la réhabilitation n'a pas pour effet d'anéantir la peine de la destitution prononcée contre un officier par un Conseil de guerre et que, par suite, cet officier ne peut être réintégré dans son grade (1).

En ce qui concerne la Légion d'honneur, deux décisions du Conseil d'Etat ont décidé que la réhabilitation ne réintègre pas le condamné dans le grade qu'il occupait (2).

3° *Droits civils et de famille*. — Le conjoint de l'individu condamné à une peine afflictive et infamante ne pourra plus, après la réhabilitation de ce dernier, baser sur la condamnation effacée une demande en séparation de corps ou en divorce.

Quant à la déchéance de la puissance paternelle, encourue, comme nous l'avons vu, à la suite de certaines condamnations judiciaires, la loi du 27 juillet 1889 sur la protection des enfants maltraités et moralement abandonnés contient une disposition spéciale. Aux termes de l'art. 3 de cette loi, les pères et mères frappés de déchéance dans les cas prévus par l'article 1 et l'article 2, § 1, 2, 3, 4, ne peuvent être admis à se faire restituer la puissance paternelle qu'après avoir obtenu la réhabilitation. La réhabilitation ne suffit donc pas pour faire cesser cette déchéance, elle est le préliminaire nécessaire et la condition indispensable de toute demande en restitution de la puissance paternelle. Décision à signaler puisqu'elle déroge aux principes admis par la loi de 1885 sur la matière.

(1) Conseil d'Etat, 8 août 1888. — D. P. 89, 3, 117.
(2) Conseil d'Etat, 20 février 1885 et mars 1889. — D. P. 86, 3, 17. — D. P. 90, 3, 52.

4° *Déchéances professionnelles.* — Enfin, toutes les déchéances professionnelles qui pouvaient frapper le condamné cessent par l'effet de la réhabilitation. C'est ainsi, pour ne citer qu'un exemple, qu'un médecin auquel les juges ont interdit l'exercice absolu de sa profession pourra, et sans aucune autorisation, exercer de nouveau la médecine après sa réhabilitation.

Réhabilitation administrative. — A côté de cette réhabilitation légale, qui fait disparaître et la condamnation et toutes ses conséquences, il existe une autre réhabilitation, connue sous le nom de réhabilitation administrative et dont les effets, pour être plus restreints, méritent néanmoins d'être signalés. Il s'agit de la réhabilitation administrative des condamnés dans les colonies.

Les incapacités dont les condamnés peuvent être relevés en tout ou en partie sont :

1° L'interdiction légale.

2° La double incapacité de disposer ou de recevoir à titre gratuit ou par testament.

3° La dégradation civique.

Les déportés simples sont affranchis de l'interdiction légale dès leur arrivée dans les colonies. — (Loi 25 mars 1873. Art. 16). — Au contraire les déportés dans une enceinte fortifiée ne le sont qu'en l'obtenant du gouvernement — (Loi 31 mai 1854, Art. 4, et loi 1873).

Les forçats et les relégués peuvent, eux aussi, obtenir du gouvernement l'exercice de leurs droits civils ou de quelques-uns seulement. — (Loi 31 mai 1854. Art. 4).

Enfin le gouvernement en relevant le condamné de la double incapacité de disposer et de recevoir rend la validité au testament fait antérieurement à la condamnation (1).

III. — Amnistie.

« L'amnistie est un acte du pouvoir social qui a pour objet et pour résultat de mettre en oubli certaines infractions et, en conséquence, d'abolir les poursuites faites ou à faire ou les condamnations prononcées à raison de cette infraction (2). »

Quant aux effets de l'amnistic relativement aux conséquences des condamnations pénales, il faut distinguer suivant les hypothèses.

L'amnistie rétablit le condamné dans la jouissance de tous les droits que la condamnation lui avait fait perdre. Si le condamné a été déchu de plein droit, par l'effet de la condamnation pénale et en vertu d'une disposition légale, d'une distinction honorifique, d'un grade militaire, l'amnistie lui rend de plein droit la qualité qu'il avait perdue. L'officier supérieur condamné à une peine capitale pour faits politiques doit être replacé dans la position où il se trouvait au moment des poursuites ; seulement l'activité de service ayant cessé pour lui, il ne peut lui être accordé qu'une solde de congé (3).

---

(1) En ce sens, Duvergier : *Collection des lois*, 1854, p. 290.
Aubry et Rau : T. I, § 83 bis.
Contra. — Demolombe : n° 29.

(2) Garraud. — *Traité de droit pénal français*. — T. II, n° 80.

(3) Conseil d'État, 15 oct. 1832.

Mais cette conséquence de la condamnation, perte d'un grade, d'une dignité, d'un emploi, ne se produit souvent qu'à la suite d'une décision rendue par une juridiction disciplinaire. Dans ce cas la décision disciplinaire étant indépendante de la condamnation pénale l'amnistie pourra effacer la condamnation sans atteindre la décision disciplinaire. Tel serait le cas de l'individu rayé des tableaux de la Légion d'honneur à la suite d'une condamnation pénale et par décision du Conseil de discipline.

Que décider d'une demande en divorce ou en séparation de corps basée sur une condamnation à une peine afflictive et infamante, mais lancée après une amnistie ? Nous pensons qu'il faut dire que le conjoint du condamné ne peut plus demander la séparation de corps ni le divorce, la condamnation étant effacée par l'amnistie. Il pouvait le faire avant l'amnistie ; il ne l'a pas fait, il est déchu de son droit.

CONCLUSION

Après avoir étudié, dans trois chapitres successifs, les différentes conséquences des condamnations pénales que le Code ne prévoit pas, les déchéances et les incapacités causées par ces mêmes condamnations : perte des droits politiques, civiques et civils ; après avoir montré comment et par quels moyens les juges pouvaient éviter certaines de ces conséquences : circonstances atténuantes, loi Bérenger ; après avoir brièvement indiqué le moyen par lequel les condamnés pouvaient être relevés des incapacités et des déchéances qu'ils avaient encourues : réhabilitation, il nous reste en quelques lignes à conclure.

Et d'abord, nous réclamerons toute l'indulgence de ceux qui auront lu cette étude et qui, peut-être, seront étonnés de trouver non seulement des lacunes, mais même des omissions. Quelque soin que nous ayons pris pour rechercher toutes les lois spéciales qui édictent des incapacités ou des déchéances comme conséquence des condamnations pénales, quelques-unes, parmi cet amas énorme de lois et de décrets, ont pu nous échapper ;

c'est là un des points faibles de cette étude à côté de beaucoup d'autres peut-être. Qu'on soit exorable à ce défaut évident; le manque de guide, la difficulté des recherches, l'éparpillement de la matière ont rendu la tâche difficile et, malgré les recherches minutieuses, le but a pu ne pas être atteint.

Mais aussi, il est certains reproches qu'on ne peut pas, malgré la meilleure volonté, ne pas faire aux législateurs. Certaines améliorations semblent tellement évidentes qu'on est étonné de ne pas les voir déjà introduites dans nos codes.

Il est un point, d'abord, que nous ne pouvons passer sous silence, nous étant nous-mêmes trop bien aperçus de l'inconvénient qui résultait de cette diffusion à l'infini des déchéances, dans des lois peu connues ou n'intéressant qu'une classe très restreinte de citoyens. Créer des déchéances et des incapacités, fort bien, nous n'en voulons pas ici discuter la valeur ou l'opportunité; pourtant, il faut le remarquer, le juge, quelque bien au courant qu'il puisse être des lois nouvelles qui, chaque jour, viennent grossir, combien en vain souvent, le recueil déja si volumineux de nos lois, ne peut, lorsqu'il condamne un individu pour un délit, avoir présentes à la mémoire toutes les conséquences qui peuvent suivre cette condamnation. Sans doute, il n'ignore pas qu'une condamnation pour vol entraînera, pour celui qui l'a encourue, une privation perpétuelle des droits politiques, du droit d'être juré, du droit de servir dans l'armée métropolitaine; mais combien d'autres conséquences que nous avons énumérées et qu'il peut avoir oubliées.

Ce reproche nous conduit à cet autre : Pourquoi, et ceci ne s'adresse plus aux législateurs, mais à ceux qui sont chargés d'appliquer les lois, pourquoi n'existe-t-il pas une liste, un tableau indiquant sommairement les conséquences attachées à la condamnation prononcée à la suite de chaque délit ? La chose fut tentée, il y a quelques années, auprès de certaine Cour ; une liste avait été dressée de toutes les incapacités et de toutes les déchéances frappant les condamnés ; cette liste avait été mise à jour au fur et à mesure que de nouvelles lois créaient des incapacités nouvelles. C'était un moyen fort simple de faciliter la tâche des juges et de ne pas les exposer, non à commettre des erreurs, — il n'y a pas d'erreur possible lorsqu'on applique la loi à la lettre, — mais à frapper un individu plus qu'ils ne le pensaient. Ce que l'initiative d'un homme avait fait devait disparaître avec lui, quelqu'utile que puisse avoir été son travail. C'est pourquoi nous nous étonnons que le ministère de la Justice n'ait pas fait exécuter un tableau semblable qui serait adressé à chaque tribunal. La chose semble bien simple, si simple qu'on a lieu d'être surpris de ne pas la voir exister, et d'autant plus que semblable travail a été exécuté et mené à bonne fin (1).

Dans un tout autre ordre d'idées, il est un point qui,

(1) Puisque nous parlons du ministère de la Justice, qu'on nous permette de faire remarquer qu'ayant demandé, au sujet de notre étude, quelques renseignements, il nous fut simplement répondu, par voie administrative, que l'on n'avait pas à nous en fournir. Nous ne pouvons pas ne pas opposer cette manière de faire à celle de tous ceux auxquels nous avons eu à nous adresser et qui, tous, très aimablement, nous ont donné les renseignements qu'ils connaissaient.

lui aussi, prête flanc aux critiques et que, d'ailleurs, nous avons signalé dans le courant de cette étude. C'est la nécessité de créer une sanction efficace et un moyen d'action contre les fonctionnaires qui, à la suite de condamnations pénales, devraient être destitués et qui, souvent, ne sont que déplacés. Il ne faudrait pas qu'en pareille matière la politique soit toute-puissante ; la question juridique, si nous pouvons nous exprimer ainsi, devrait primer toutes les autres. Qu'un fonctionnaire administratif puisse être révoqué au gré du ministre sous les ordres duquel il se trouve, nous le comprenons fort bien ; mais cela n'empêche nullement qu'il ne soit dressé une liste des condamnations criminelles ou correctionnelles à la suite desquelles le fonctionnaire coupable devra être destitué ; et nous voudrions qu'il soit créé une action, à l'exemple des actions populaires romaines, permettant aux intéressés, c'est-à-dire aux citoyens se trouvant sous les ordres de ce fonctionnaire, de se plaindre et d'intenter contre lui un véritable procès en révocation ou destitution pour le cas où ce fonctionnaire n'aurait pas été révoqué malgré sa condamnation. Ce système ne présenterait pas de grands inconvénients puisque l'action ne serait accordée que dans le cas d'une condamnation non suivie d'effet. Dans un pays où l'on admet, à tort ou à raison, que chaque citoyen participe un peu — combien peu ! — à l'exercice du pouvoir, ce système n'a rien qui puisse surprendre et il semble bien devoir donner d'excellents résultats. Que reste-t-il en effet aujourd'hui à ceux qui, à bon droit, peuvent se plaindre d'un fonctionnaire ? la voie officieuse —, quelle faible ressource —, ou la polémique du journal —, quel mauvais moyen !

Nous reconnaissons d'ailleurs volontiers qu'avec ce système il faudrait énumérer d'une façon bien limitative et très précise les condamnations qui donneraient lieu et à la révocation et à l'action populaire. Cette idée émise, nous la renvoyons à qui de droit n'ayant aucun pouvoir pour la présenter.

Un autre reproche que l'on peut faire au système actuellement en vigueur, reproche qui provient en grande partie de cette dispersion de la matière en cinquante endroits divers, c'est l'impossibilité dans bien des cas où est le juge d'écarter les conséquences des condamnations pénales. En effet, la dispersion même de cette matière fait que les législateurs successifs qui ont créé une ou plusieurs incapacités dans des lois spéciales ne se sont le plus souvent pas aperçus qu'il existât déjà telle ou telle incapacité comme conséquence de ce même délit. Groupées ensemble, et cela forcément, ces incapacités forment un faisceau trop considérable qu'il serait bon, en certaines circonstances, de voir rompre. Sans doute, les circonstances atténuantes offrent aux juges un large moyen de remédier à ces inconvénients, et aussi la loi Bérenger dans une bien plus faible mesure. Il nous semble que dans cet ordre d'idées il y aurait une réforme à faire. Si toutefois elle devait avoir lieu, nous la voudrions claire et précise et non pas, comme en bien d'autres circonstances, vague et indéterminée. Il ne faut pas que, dans une loi, certains termes prêtent à une interprétation changeante, suivant les besoins de la cause ; on retombe alors trop facilement dans l'arbitraire qu'à tout prix on doit exclure. Sans doute, il y a, pour accomplir cette réforme, de grosses difficultés à surmonter ; il ne manque heureusement pas d'hommes ayant une grande compétence dans ces matières et auxquels on pourrait demander avis et conseils. C'est très bien d'améliorer les lois, encore serait-ce mieux de s'entourer, avant de se lancer dans une réforme, de l'avis de gens compétents. Quel bruit n'a-t-on pas fait autour du vote de la loi sur la réforme de l'instruction criminelle ! Douze mois à peine ont passé depuis sa mise en vigueur et déjà de toutes parts on en signale les défauts ; à côté de quelques bonnes modifications, on voit des innovations malheureuses destinées à mourir avant presque d'avoir vu le jour.

Un dernier point que nous ne ferons que rappeler brièvement : c'est l'utilité qu'il y a à modifier au plus tôt ce funeste état de choses créé par la situation extraordinaire où se trouvent les Français condamnés à l'étranger. Leur condamnation n'ayant pas d'effet en France, ils continuent d'y jouir de droits dont ils devraient être privés, et ce au grand détriment de la justice et de l'équité. Nous avons indiqué, parmi les systèmes proposés ou actuellement en vigueur chez d'autres peuples, celui qui ralliait nos préférences. Il serait nécessaire qu'il fût consacré législativement au plus tôt, sans pour cela qu'on attendît la réforme projetée du Code pénal, réforme dans laquelle d'ailleurs il n'est nullement parlé de cette question.

Certaines améliorations, quelques réformes : voilà ce qui, pour nous, ressort de cette étude. Nous apercevons bien qu'en semblable matière une codification absolue et immuable est impossible, les nécessités de chaque jour obligeant aux transformations.

Enfin, nous nous estimerons très heureux si ce simple travail peut être de quelque utilité pour ceux qui ont à s'occuper des incapacités et des déchéances résultant des condamnations pénales, et si nous avons pu leur faciliter les recherches.

Vu :

F. BONNEVILLE.

Vu :

Le Doyen de la Faculté de Droit
de l'Université de Dijon,

E. BAILLY.

Vu et permis d'imprimer :

Dijon, le 21 janvier 1899,

Le Recteur de l'Académie, président
du Conseil de l'Université,

C. ADAM.

INDEX ALPHABÉTIQUE

Altération de vins par bateliers ou voituriers.

Toute condamnation à l'emprisonnement pour ce délit entraîne l'incapacité d'être juré, p. 70.

Association illicite.

Toute condamnation pour délit d'association illicite permet au préfet de refuser un permis de chasse, p. 58.

Association internationale des travailleurs.

Tout condamné comme affilié à l'Association internationale des travailleurs peut être privé de ses droits politiques et civils, pour une durée de cinq à dix ans, p. 16.

Attaque contre le principe de la propriété et des droits de famille.

Toute condamnation à l'emprisonnement empêche d'être juré, p. 70.
Toute condamnation, quelle que soit la peine prononcée, entraîne, pour le condamné, la non-inscription où la radiation des listes électorales politiques, p. 21.

Attentat à la pudeur.

Toute condamnation prononcée contre un médecin, une sage-femme, un dentiste, un officier de santé, permet au juge de priver ces individus, soit temporairement, soit définitivement de l'exercice de leur profession, p. 149.
Toute condamnation rend incapable d'enseigner ou d'être employé dans une école ou une maison d'éducation, p. 142.

Attentat aux mœurs.

I. Condamnation à trois mois de prison.
Envoi aux bataillons d'infanterie légère d'Afrique, p. 44.

II. Condamnation à l'emprisonnement quelle que soit la durée.
Perte des droits politiques, p. 18.

III. Quelle que soit la condamnation.

1° Empêche d'avoir des apprentis, p. 155.

2° Empêche d'enseigner, p. 142.

3° Peut entraîner pour les médecins, sages-femmes, chirurgiens, dentistes, officiers de santé, une suspension temporaire ou définitive, p. 149.

4° Empêche d'être juré, p. 69.

5° Empêche de faire partie d'un Tribunal de commerce, d'un Conseil de prudhommes, d'une Chambre consultative des Arts et Manufactures, p. 81 et 87.

6° Envoi des jeunes soldats aux bataillons d'infanterie légère d'Afrique s'ils ont encouru deux condamnations pour ce délit, p. 43.

7° Empêche l'engagement dans un corps métropolitain, p. 48.

Attroupements et Clubs.

Toute condamnation à plus d'un mois de prison pour infraction aux lois sur les attroupements et les clubs entraîne pour cinq ans la radiation des listes électorales, p. 31.

Avortement.

Toute condamnation prononcée contre un médecin, un dentiste, une sage-femme, un officier de santé, permet au juge de priver ces individus de l'exercice de leur profession, soit temporairement, soit définitivement, p. 149.

Banqueroute.

I. Condamnation à trois mois de prison ou plus empêche d'avoir des apprentis, p. 155.

II. Condamnation, quelle que soit la peine prononcée :

1° Fait perdre aux officiers leur grade, p. 138.

2° Permet au ministre des Cultes de révoquer un trésorier ou un receveur de fabrique, p. 95.

Bigamie.

Toute condamnation rend incapable d'enseigner et d'être employé dans une école ou maison d'éducation, p. 142.

Bris de scellés.

Toute condamnation à l'emprisonnement empêche d'être juré, p. 74.

Castration.

Toute condamnation prononcée contre un médecin, une sage-femme, un officier de santé, un dentiste, permet au juge de priver ces individus, soit temporairement, soit définivement de l'exercice de leur profession, p. 149.

Clubs.

Voir au mot : *Attroupement*.

Coloration de monnaie.

Toute condamnation à l'emprisonnement empêche d'être juré, p. 74.

Colportage.

Toute condamnation à plus d'un mois de prison pour infraction aux lois sur le colportage entraîne pour cinq ans la radiation des listes électorales, p. 31.

Communication de secrets de fabrique,

Toute condamnation à l'emprisonnement empêche d'être juré, p. 74.

Concussion.

Toute condamnation à l'emprisonnement empêche d'être juré, p. 74.

Contrefaçon de clefs.

Toute condamnation à l'emprisonnement empêche d'être juré, p. 74.

Contrefaçon de marques, sceaux de l'Etat et timbres-poste.

Toute condamnation à l'emprisonnement empêche d'être juré, p. 74.

Contributions indirectes.

Toute condamnation supérieure à six jours de prison ou à 1,000 fr. d'amende empêche d'être électeur et éligible à un Tribunal de commerce, à une Chambre de commerce, à une Chambre consultative des Arts et Manufactures, p. 85 et 87.

Courses de chevaux.

Toute condamnation en vertu de la loi du 2 juin 1891 sur les courses de chevaux permet au juge de priver le condamné pour une période de 5 à 10 ans de ses droits politiques et des autres droits portés à l'article 42 du Code pénal, p. 16.

Délits.

I. Condamnation à plus de trois mois d'emprisonnement empêche d'être juré, p. 68.

II. Toute condamnation à l'emprisonnement correctionnel pour délit permet, au ministre des Cultes, de révoquer un trésorier ou un receveur de fabrique, p. 95.

III. Toute condamnation pour délit, quelle que soit la peine prononcée,

1° Peut entraîner la destitution de l'officier de réserve, après avis du Conseil d'enquête, p. 139.

2° Peut entraîner la destitution ou la révocation des fonctionnaires, des officiers ministériels, p. 127 et 131.

3° Entraîne, pour les officiers de l'armée active, la perte de leur grade si la condamnation est accompagnée de l'interdiction de séjour, p. 138.

Délits électoraux.

Toute condamnation à plus de trois mois de prison pour un des délits prévus aux articles 31, 33, 34, 35, 36, 39, 40, 41, 42, 45 et 46 du décret du 7 février 1852 entraîne la radiation des listes électorales politiques ou la non inscription sur ces mêmes listes, p. 22.

Délits contre les mœurs par voie de la presse.

Toute condamnation à l'emprisonnement empêche d'être juré, p. 70.

Toute condamnation, quelle que soit la peine prononcée, rend incapable d'enseigner ou d'être employé dans une école ou maison d'éducation, p. 142.

Délits de fournisseurs.

Quelle que soit la condamnation empêche de faire partie d'un Tribunal de commerce, d'une Chambre de commerce, d'une Chambre consultative des Arts et Manufactures, p. 81 et 87.

Délits électoraux.

Toute condamnation à plus de trois mois d'emprisonnement pour les délits prévus aux articles 31, 33, 34, 35, 36, 39, 40, 41, 42, 45, 46 du décret du 2 février 1852, entraîne la radiation des listes électorales, p. 22.

Destructions et dégradations.

Toute condamnation à 3 mois de prison au moins entraîne la perte des droits politiques (radiation des listes électorales), p. 26.

Toute condamnation, quelle que soit la peine prononcée, et dans le cas des articles 439 et 443 du Code pénal entraîne incapacité d'être électeur ou éligible à un Tribunal de commerce, à une Chambre de commerce, à une Chambre consultative des Arts et Manufactures, p. 81 et 87.

Dévastation d'arbres, de récoltes, de plants.

Toute condamnation pour ce délit permet au préfet de refuser un permis de chasse, p. 58.

Toute condamnation à plus de trois mois de prison pour ce delit entraîne la non inscription ou la radiation des listes électorales politiques, p. 26.

Distribution de poudres, armes et autres munitions de guerre.

Toute condamnation pour ce délit permet au préfet de refuser un permis de chasse, p. 58.

Douanes.

Toute condamnation supérieure à six jours d'emprisonnement ou à 1,000 fr. d'amende, pour infraction aux dispositions relatives à la douane, empêche d'être électeur ou éligible à un Tribunal de commerce, à une Chambre de commerce, à une Chambre consultative des Arts et Manufactures, p. 85.

Empoisonnement.

Toute condamnation à plus de 3 mois de prison pour avoir empoisonné des chevaux, des bestiaux ou des poissons entraîne la non inscription ou la radiation des listes électorales politiques, p. 26.

Engrais.

Toute condamnation à l'emprisonnement pour vente d'engrais en ayant trompé l'acheteur sur la qualité des engrais vendus, entraîne pour le condamné l'incapacité d'être électeur ou éligible au Tribunal de commerce à une Chambre consultative des Arts et Manufactures à une Chambre de commerce, p. 81 et 87.

Enlèvement d'enfant.

Toute condamnation à l'emprisonnement entraîne l'incapacité d'être juré, p. 74.

Enlèvement de bornes.

Toute condamnation à l'emprisonnement empêche d'être juré, p. 74.

Entrave à la circulation des grains.

Toute condamnation pour entrave à la circulation des grains permet au préfet de refuser un permis de chasse, p. 58.

Escroquerie.

Toute condamnation à 3 mois d'emprisonnement ou au-dessus, nécessite :

1° L'envoi du condamné aux bataillons d'infanterie légère d'Afrique, p. 44.

2° Empêche d'avoir des apprentis, p. 155.

II. — Toute condamnation à un mois de prison empêche le condamné d'ouvrir un débit de boissons, p. 166.

III. — Toute condamnation à l'emprisonnement, qu'elle qu'en soit la durée, entraîne la radiation ou la non inscription sur les listes électorales, p. 18.

IV. — Toute condamnation, quelle que soit la peine (amende ou emprisonnement),

1° Fait perdre à l'officier son grade, p. 138.

2° Entraîne l'incapacité d'être juré, p. 69.

3° Entraîne la non inscription sur les listes électorales pour l'élection aux Tribunaux de commerce, Chambre de commerce, Chambre consultatives des Arts et Manufactures, p. 81 et 87.

4° Permet au ministre des Cultes de révoquer un trésorier ou un receveur de fabrique, p. 97.

5° Permet au préfet de refuser au condamné un permis de chasse, p. 58.

6° Permet au juge de priver temporairement ou définitivement les médecins, sages-femmes, chirurgiens-dentistes, officiers de santé, de l'exercice de leur profession, p. 149.

7° Empêche l'engagement dans un corps métropolitain, p. 48.

V. — Deux condamnations, quelles que soient les peines prononcées, nécessitent l'envoi aux bataillons d'infanterie légère d'Afrique, p. 43.

Excitation des mineurs à la débauche.

I. — Toute condamnation à un mois d'emprisonnement au plus empêche d'ouvrir un débit de boissons, p. 166.

II. — Toute condamnation permet au juge de priver temporairement ou définitivement les médecins, sages-femmes, chirurgiens-dentistes, officiers de santé, de l'exercice de leur profession, p. 149.

III. — Toute condamnation rend incapable d'enseigner ou d'être employé dans une école ou une maison d'éducation, p. 142.

IV. — Toute condamnation permet aux tribunaux d'enlever au condamné la puissance paternelle, p. 113.

V. — Deux condamnations entraînent de plein droit la déchéance de la puissance paternelle, p. 106.

Extorsion de fonds par menaces.

Toute condamnation à l'emprisonnement entraîne l'incapacité d'être juré, p. 47.

Exposition d'enfants.

Deux condamnations pour ce fait permettent aux tribunaux d'enlever au condamné la puissance paternelle, p. 110.

Fabrication de poudres, armes et autres munitions de guerre.

Toute condamnation pour délit de fabrication d'armes, de poudres ou d'autres munitions de guerre permet au préfet de refuser à celui qui a été condamné la délivrance d'un permis de chasse, p. 58.

Faillite.

Toute condamnation, quelle que soit la peine prononcée, pour un crime ou un délit commis dans une faillite par d'autres que le failli, et dans le cas des articles 594, 596, 597 C. Com. entraîne l'impossibilité de faire partie d'un Tribunal de commerce, d'une Chambre de commerce, d'une Chambre consultative des Arts et Manufactures, p. 81 et 87.

Falsifications de denrées alimentaires ou médicamenteuses.

Toute condamnation à l'emprisonnement :

1° Entraîne la non inscription sur les listes électorales, ou la radiation de ces mêmes listes, p. 29.

2° Empêche d'être juré, p. 73.

Faux.

Toute condamnation pour faux prononcée contre un médecin, une sage-femme, un chirurgien-dentiste, un officier de santé, permet au tribunal de décider que le condamné ne pourra plus exercer temporairement ou définitivement sa profession, p. 149.

Faux témoignage.

Toute condamnation à l'emprisonnement empêche d'être juré, p. 74.

Filouterie

Toute condamnation à plus d'un mois de prison entraîne l'incapacité d'ouvrir un débit de boissons pour une durée de cinq années, p. 166.

Ivresse publique

I. Toute condamnation à un mois de prison en vertu des articles 1 et 2 de la loi du 23 janvier 1873 entraîne, pour le cabaretier condamné la fermeture de son établissement, p. 168.

II. Deux condamnations en police correctionnelle pour infraction aux dispositions de la loi du 23 janvier 1873 font exclure —, par le second jugement —, des listes de jurés, p. 77.

III. Deux condamnations pour ivresse manifeste quelle que soit la peine prononcée :

1° Font perdre les droits politiques, p. 14.

2° Font perdre le droit de port d'armes, p. 56.

Ces déchéances doivent être prononcées par le second jugement.

IV. Deux condamnations pour les autres délits prévus par la loi de 1873 peuvent également faire perdre au condamné la jouissance et l'exercice des droits politiques, p. 14 — Les juges, toutefois, peuvent ne pas prononcer cette peine accessoire.

V. Deux condamnations en vertu de l'art. 2, § 2, de la loi de 1873 permettent aux tribunaux d'enlever au condamné la puissance paternelle, p. 113.

Lettres.

Toute condamnation supérieure à six jours d'emprisonnement ou à mille francs d'amende par suite d'une déclaration frauduleuse, sur la valeur des sommes contenues dans une lettre empêche d'être électeur ou éligible à un Tribunal de commerce, à une Chambre de commerce, à une Chambre consultative des Arts et Manufactures, p. 81 et 87.

Livraisons de plans et documents.

Toute condamnation, prononcée contre un fonctionnaire, pour avoir livré des plans et des documents intéressant la sécurité de l'État entraîne la destitution de plein droit de ce fonctionnaire, p. 130.

Loterie.

I. Toute condamnation de prison pour infraction aux lois sur les loteries empêche d'être électeur ou éligible à un Tribunal de commerce, à une Chambre consultative des Arts et Manufactures, à une Chambre de commerce, p. 81 et 87.

II. Toute condamnation pour mêmes infractions, entraîne la non-inscription sur les listes électorales, ou la radiation de ces mêmes listes, p. 26.

Maisons de Jeu.

I. Toute condamnation à un mois de prison pour infraction aux dispositions législatives sur les maisons de jeu empêche au condamné d'avoir un débit de boissons, p. 166.

II. Toute condamnation à la prison, pour mêmes infractions, empêche d'être électeur et éligible à un Tribunal de commerce, à une Chambre de commerce, à une Chambre consultative des Arts et Manufactures, p. 81 et 87.

III. Toute condamnation, quelle que soit la peine prononcée, entraîne la non-inscription sur les listes électorales politiques ou la radiation de ces mêmes listes, p. 26.

Maisons de prêt sur gage.

I. Toute condamnation à l'emprisonnement pour infraction aux règlements des maisons de prêt sur gage entraîne l'incapacité d'être électeur et éligible aux Tribunaux de commerce, Chambre de commerce, Chambre consultative des Arts et Manufactures, p. 81 et 87.

II. Toute condamnation pour les mêmes infractions, quelle que soit la peine prononcée, entraîne la non-inscription sur les listes électorales politiques ou la radiation de ces mêmes listes, p. 26.

Marques de fabrique.

I. Toute condamnation pour infractions aux dispositions des art. 7 et 8 de la loi du 23 juin 1857, sur les marques de fabrique, entraîne l'incapacité d'être électeur ou éligible aux Tribunaux de commerce, Chambre de commerce, Chambre consultative des Arts et Manufactures, p. 82 et 87.

II. Toute condamnation pour infractions aux dispositions prévues par la loi du 23 juin 1857 peut — c'est facultatif pour le juge —, pendant une période qui ne doit pas excéder dix ans, faire priver le condamné du droit d'être électeur et éligible à un Tribunal de commerce, à une Chambre de commerce, à une Chambre consultative des Arts et Manufactures, à un Conseil de prud'hommes, p. 82 et 87.

Matières d'or et d'argent.

La vente ou la fabrication des matières d'or et d'argent, faite en dehors des conditions requises par la loi, peut, à la troisième condamnation pour le même délit, permettre au juge d'interdire au condamné la fabrication ou la vente des matières d'or ou d'argent, p. 159.

L'essayeur qui a poinçonné les matières d'or et d'argent à un titre supérieur au titre réel peut, à la troisième condamnation pour ce délit, être révoqué de ses fonctions, p. 159.

Menaces.

I. Toute condamnation à l'emprisonnement pour menaces empêche d'être juré, p. 74.

II. Toute condamnation correctionnelle, quelle que soit la peine prononcée, permet au préfet de refuser au condamné un permis de chasse, p. 58.

Mendicité.

I. Toute condamnation à l'emprisonnement pour mendicité empêche d'être juré, p. 70.

II. Toute condamnation pour mendicité, quelle que soit la peine prononcée :

1° Empêche l'inscription sur les listes électorales politiques ou entraîne la radiation de ces mêmes listes, p. 25.

2° Permet au préfet de refuser au condamné un permis de chasse, p. 58.

Octroi.

Voir au mot : *Douane.*

Outrage à la morale publique ou religieuse.

Toute condamnation pour semblable délit,

1° Empêche d'être juré, p. 70 ;

2° Entraîne la perte des droits politiques, c'est-à-dire la radiation des listes électorales ou la non inscription sur ces mêmes listes, p. 21.

Outrage ou violence envers un dépositaire de la force publique, un juré, un témoin.

Toute condamnation à un mois de prison ou supérieure entraîne la non inscription sur les listes électorales ou la radiation de ces mêmes listes, pour une période de cinq années, p. 31.

Outrage public à la pudeur.

I. Toute condamnation à trois mois de prison pour ce délit nécessite l'envoi des jeunes soldats aux bataillons d'infanterie légère d'Afrique, p. 44.

II. Toute condamnation à un mois de prison pour ce délit, subie par un cabaretier, l'empêche d'ouvrir son établissement pour une durée de cinq années, p. 166.

III. Deux condamnations à l'emprisonnement pour ce délit, et quelle qu'en soit la durée, nécessitent l'envoi du condamné aux bataillons d'infanterie légère d'Afrique, p. 45.

IV. Toute condamnation empêche d'enseigner ou d'être employé dans une maison d'éducation.

Postulation.

La loi du 19 juillet 1810 décide que les individus condamnés pour postulation ne pourront plus, à la seconde condamnation, être nommés avoués ; s'ils le sont déjà ils seront destitués, p. 133, note.

Rebellion.

I. Toute condamnation à plus de six mois de prison autorise le préfet à refuser au condamné un permis de chasse, p. 58.

II. Toute condamnation à plus d'un mois empêche l'inscription sur les listes électorales pendant une période de cinq ans à compter de l'expiration de la peine, p. 31.

Recel d'enfant.

Voir au mot : *Enlèvement*.

Recel d'objets et de malfaiteurs.

Une condamnation à un mois de prison empêche, pendant cinq ans, le condamné de pouvoir ouvrir un débit de boissons, p. 66.

Recrutement.

Toute condamnation à l'emprisonnement pour un des délits prévus aux articles 69, 70, 71 de la loi du 15 juillet 1889 sur le recrutement de l'armée, empêche :

1° L'inscription des condamnés sur les listes électorales politiques, p. 28.

2° L'inscription des condamnés sur les listes de jurés, p. 70.

Séquestration.

Deux condamnations pour ce fait permettent aux tribunaux de faire perdre au condamné la puissance paternelle, p. 110.

Société.

Toute condamnation à l'emprisonnement pour infraction aux lois sur les sociétés empêche le condamné d'être électeur ou éligible à un Tribunal de commerce, à une Chambre de commerce, à une Chambre consultative des Arts et Manufactures, p 83 et 87.

Soustractions commises par des dépositaires publics.

I. Toute condamnation à l'emprisonnement pour un semblable délit entraîne la non inscription sur les listes électorales politiques ou la radiation de ces mêmes listes, p. 28.

II. Toute condamnation, quelle que soit la peine prononcée, entraîne :

1° L'incapacité d'être juré, p. 69.

2° L'incapacité d'être électeur ou éligible à un Tribunal de commerce, à une Chambre de commerce, à une Chambre consultative des Arts et Manufactures, p. 81 et 87.

Subornation de témoins.

Toute condamnation à l'emprisonnement empêche d'être juré, p. 74.
Deux condamnations pour ce fait permettent aux tribunaux de faire perdre au condamné la puissance paternelle, p. 110.

Suppression d'enfant.

Deux condamnations pour ce fait permettent aux Tribunaux de faire perdre au condamné la puissance paternelle, p. 110.

Voir au mot : *Enlèvement*.

Travaux publics.

Les militaires condamnés aux travaux publics :

1° Sont exclus des listes électorales politiques, p. 27.

2° Sont exclus des listes des jurés, p. 68.

Usure.

I. Toute condamnation à l'emprisonnement pour délit d'usure empêche d'être électeur ou éligible à un Tribunal de commerce, à une Chambre de commerce, à une Chambre consultative des Arts et Manufactures, p. 81 et 87.

II. Toute condamnation, quelle que soit la peine prononcée, pour délit d'usure.

1° Empêche d'être juré, p. 69.

2° Entraîne la radiation des listes électorales ou la non inscription sur ces mêmes listes, p. 30.

Vagabondage.

I. Toute condamnation à l'emprisonnement pour vagabondage empêche d'être juré, p. 70.

II. Toute condamnation, quelle que soit la peine prononcée :

1° Entraîne la non inscription sur les listes électorales politiques, p. 25.

2° Permet au préfet de refuser un permis de chasse, p. 58.

III. Deux condamnations pour vagabondage permettent aux tribunaux d'enlever au condamné la puissance paternelle, p. 110.

Vente avec faux poids et fausses mesures.

I. Toute condamnation à trois mois de prison :

1° Empêche le condamné d'avoir des apprentis, p. 155.
2° Entraîne la non inscription sur les listes électorales politiques, ou perte des droits politiques, p. 31.

II. Toute condamnation à l'emprisonnement empêche d'être juré p. 73.

Vente de denrées falsifiées ou nuisibles à la santé.

Toute condamnation à un mois de prison, pour ce délit, empêche le condamné d'ouvrir un débit de boissons, p. 166.

Vente de poudres, armes et autres munitions de guerre

(Voir à *Fabrication*.)

Violation des règlements relatifs aux manufactures, au commerce et délits prévus au § V, S. II, T. II, L. III, du Code pénal.

Toute condamnation pour un des délits prévus entraîne l'incapacité d'être électeur ou éligible à un Tribunal de commerce, à une Chambre de commerce, à une Chambre consultative des Arts et Manufactures, p. 81 et 87.

Violences envers les agents de l'autorité.

Toute condamnation à plus de six mois de prison permet au préfet de refuser un permis de chasse, p. 58.

Vol.

I. Toute condamnation à plus de trois mois de prison entraîne pour le condamné l'impossibilité d'avoir des apprentis, p. 154.

II. Toute condamnation à trois mois au moins nécessite l'envoi du condamné aux bataillons d'infanterie légère d'Afrique, p. 44.

III. Toute condamnation à un mois de prison empêche le condamné de pouvoir ouvrir un débit de boissons, p. 166.

IV. Deux condamnations, quelles que soient les peines prononcées, nécessitent l'envoi du condamné aux bataillons d'infanterie légère d'Afrique, p. 45.

V. Toute condamnation à l'emprisonnement, quelle que soit la durée de la peine, entraîne la non inscription sur les listes électorales politiques, p. 18.

VI. Toute condamnation, quelle que soit la peine prononcée :

1° Fait perdre aux officiers leur grade, p. 138.

2° Permet au juge de suspendre temporairement, ou de priver complètement de l'exercice de leur profession, les médecins, sages-femmes, chirurgiens-dentistes et officiers de santé, p. 149.

3° Permet au préfet de refuser au condamné un permis de chasse, p. 58.

4° Empêche d'être juré, p. 69.

5° Empêche d'être témoin, p. 93.

6° Empêche l'engagement dans un corps métropolitain, p. 48.

7° Empêche d'être électeur ou éligible à un Tribunal de commerce, à une Chambre de commerce, à une Chambre consultative des Arts et Manufactures, p. 81 et 87.

Viol.

I. Toute condamnation prononcée contre un médecin, un chirurgien-dentiste, une sage-femme, un officier de santé permet au juge de priver ces individus soit temporairement, soit définitivement, de l'exercice de leur profession, p. 149.

II. Toute condamnation rend incapable d'enseigner et d'être employé dans une école ou dans une maison d'instruction, p. 142.

TABLE DES MATIÈRES

CHAPITRE II

CONSÉQUENCES DES CONDAMNATIONS PÉNALES QUANT AUX DROITS PUBLICS

CHAPITRE III

CONSÉQUENCES DES CONDAMNATIONS PÉNALES QUANT AUX DROITS CIVILS ET DE FAMILLE

CHAPITRE IV

DES DÉCHÉANCES PROFESSIONNELLES

CHAPITRE V

DES MOYENS QUI PERMETTENT AUX JUGES D'ÉVITER CERTAINES CONSÉQUENCES DES CONDAMNATIONS PÉNALES

CHAPITRE VI

CHAPITRE VII

COMMENT CESSENT LES INCAPACITÉS ET LES DÉCHÉANCES

72.914. — Imp. A. Waltener. — P. Legendre et Cie, Succrs. — Lyon.

CHAPITRE V

[illegible] AUX JUGES, DÉ[illegible] [illegible] CONSÉQUENCES DES [illegible] PÉNALES

[illegible]

[illegible] JURIDIQUES

[illegible] ATTÉNUANTES [illegible]

CHAPITRE VI

DE [illegible] DES DÉLITS [illegible] PAR DES FRANÇAIS À L'ÉTRANGER [illegible]

CHAPITRE VII

[illegible] ET DES [illegible]

[illegible]

II. — [illegible] [illegible]

III. — [illegible] [illegible]

CONCLUSION [illegible]

[illegible] [illegible]

www.ingramcontent.com/pod-product-compliance
Lightning Source LLC
Chambersburg PA
CBHW071701200326
41519CB00012BA/2587
9782011294708